Mamá, te quiero zen

Ana Paula Domínguez
y Lourdes Botello

Mamá, te quiero zen

Consejos para vivir una maternidad plena,
en equilibrio y en armonía espiritual

Diseño de portada: Claudia Safa
Ilustraciones de interiores: Erik Rivera
Diseño de interiores: Víctor M. Montalvo
Fotografía de autoras: Blanca Charolet
Fotografía de portada: Can Stock Photo

© 2013, Ana Paula Domínguez
© 2013, Lourdes Botello

Derechos reservados

© 2013, Editorial Planeta Mexicana, S.A. de C.V.
Bajo el sello editorial DIANA M.R.
Avenida Presidente Masarik núm. 111, 2o. piso
Colonia Chapultepec Morales
C.P. 11570, México, D.F.
www.editorialplaneta.com.mx

Primera edición: octubre de 2013
ISBN: 978-607-07-1891-5

Impreso en los talleres de Litográfica Ingramex, S.A. de C.V.
Centeno núm. 162, colonia Granjas Esmeralda, México, D.F.
Impreso y hecho en México – *Printed and made in Mexico*

Dedicatoria de Ana Paula

A mi mi hijo Elías y a mi mamá.

Dedicatoria de Lu

Lu dedica este libro con cariño y agradecimiento a la nana de sus hijos, Marilú López Méndez, quien ha sido su aliada por más de 14 años.

Presentación

Soy Ana Paula Domínguez y me siento muy honrada de haber escrito este texto junto con mi querida amiga y colega Lourdes Botello.

Soy madre de Elías, quien tiene cuatro años y medio al momento de la publicación de este libro. Mi pasión y profesión consiste en difundir estilos de vida saludables. Por eso me entrego, por un lado, a la comunicación y por el otro, al estudio de disciplinas como el Yoga, el Ayurveda, la sanación y la meditación.

Lu es madre de 3 hijos, comunicadora, una gran deportista y amante del montañismo, de la psicología y la salud. Además, es editora y difusora del bienestar y el balance. A lo largo del libro, ella te transmitirá invaluables anécdotas relacionadas con sus hijos y con la psicología, así como sus experiencias de vida en la montaña.

Esperamos que disfrutes este libro que hemos escrito con mucho amor y que se ha convertido en un manual de vida durante nuestra propia maternidad.

Agradecimientos

El primer agradecimiento profundo es para nuestro adorado editor, Daniel Mesino. Sin su confianza, no estarías leyendo estas líneas. Agradecemos también todo el apoyo editorial que nos dio Carolina Estrada y a nuestra casa editorial, Grupo Planeta.

Asimismo, agradecemos a Nonantzin Martínez y Mariel Arroyo, por sus lecturas y comentarios para mejorar este trabajo.

Ana Paula Domínguez agradece todo el apoyo y amor que le brindaron para cuidar a su hijo Elías en el proceso de escribir este libro a su mamá, a su tía Rosa Martha, a sus hermanas Gabriela, Guille y María Fernanda, y a sus sobrinas, quienes también la ayudaron en este proceso.

Agradece a las personas que compartieron sus puntos de vista: Soren García Ascott, Ana Vázquez Colmenares, Kahita Shilo, María de la Luz Lezama, Livtar Kaur y a todos los amigos, mamás y papás que contribuyeron con sus comentarios en Facebook.

Agradece al periódico *Reforma* y a la revista *Balance*, que le abrieron espacio para colaborar en sus publicaciones sobre temas de la mujer y la maternidad durante más de diez años.

Agradece a su amiga Lu, coautora del libro, con quien forjó una hermandad durante el proceso de escribir esta obra.

Agradece a la maestra Cecilia Vivanco, de la escuela Koi Montessori, quien la ha enseñado a comprender cómo tratar a los niños en sus clases de yoga, lo cual se ha reflejado en sus esfuerzos por ser una mejor madre.

Agradece a sus maestros y a sus amigos que la han guiado en el camino.

🌿

Yo, Lu, agradezco a Daniel, Alexander y Arturo, por encima de todas las cosas, por haberme elegido como mamá. Son, siempre, el motor de mi vida, la inspiración cotidiana para ser la mejor versión de mí misma. Son mis mayores maestros y yo, su más grande admiradora. Recibo con amor y agradecimiento la oportunidad de estar con ustedes en esta parte de nuestra existencia.

Agradezco a Leonardo por ser mi esposo, el papá de mis hijos, mi cómplice y amor por más de 25 años, co-creador de la mejor historia de amor que conozco.

La gratitud se extiende hacia atrás por generaciones, al estilo familiar que favoreció la originalidad, la cultura y la independencia. También se extiende al futuro, a los hijos de mis hijos y al legado de nuestro paso por la Tierra.

Y en sincronía, la gratitud va a una lista interminable de amigas, madres y guerreras que son mi remanso, mi inspiración y mi diversión, especialmente a Ana Paula, quien me invitó generosamente a este proyecto y me dio el fabuloso regalo de su amistad y de hacer juntas este libro.

Prólogo

Después de devorarme este libro, quiero ser una mamá zen. Y eso no significa que deba convertirme en una *yoguini* experta, que con la meditación me eleve y flote en el aire extasiada o, que por fluir a dónde la vida me lleve no reaccione ferozmente ante alguna grave agresión contra mi hija.

Entendí que mi sabiduría interior no puede silenciarse ante las voces que intentan desviarme de esa tarea única y sublime que es mi maternidad. Entendí que ese pozo infinito de gracia y gozo dentro de mi ser es fuente de amor para mi hija y para mí. Entendí que debo reparar mis propias heridas de infancia para ser más compasiva y menos exigente conmigo misma y aceptar que tal vez no soy la madre que pensaba ser o la que mi hija esperaba que fuera, pero que en todo momento trato de dar la mejor respuesta posible desde mis convicciones y principios, escuchándome a mí misma.

Entendí que, a pesar de los contratiempos y el acelere de todos los días, o aun en las grandes adversidades, soy capaz de elegir un estado en el cual puedo transitar centrada, tranquila y completamente presente. Entendí que poseo un gran don:

la confianza que me otorga el Creador, como cómplice en la formación de la mente y el corazón de mi hija hasta que esté lista para tomar sus propias decisiones basadas en su capacidad de juicio y discernimiento, dentro de su proceso natural de evolución humana.

Ana Paula Domínguez y Lourdes Botello se han acompañado de sus propias experiencias cotidianas como mamás y de su gran conocimiento del zen que pasa por sus profundas vivencias interiores tan difíciles de comunicar, para ofrecernos esta obra escrita con mucho amor y con la intención de hacerte sentir que *tienes dentro de ti toda la sabiduría para guiar a tus hijos por el camino ideal para ellos.*

Aquí aprenderás a equilibrar tus emociones eficazmente mediante la práctica de fáciles meditaciones y ejercicios con base en la respiración, a conocerte a ti misma con tus luces y sombras y a reconectarte con la energía de la vida. También encontrarás formas muy sencillas y amorosas para una buena crianza enfocada básicamente en el respeto ante la grandeza espiritual de tus hijos para desarrollar su autoestima, capacidades y actitud positiva, lo cual los hará definitivamente más confiados en sus propios valores para enfrentar el mundo exterior, en donde constantemente hay que sortear los embates de los falsos estímulos y la manipulación.

El zen es un término en japonés que da nombre a una filosofía que parte de una corriente del Budismo Mahayana hindú fusionada con el taoísmo chino y que fue acuñado en el siglo VI. Esta corriente de pensamiento fue apenas conocida y practicada en el mundo occidental a principios del siglo pasado. Pretende ser un camino liberador que rescate al hombre del sufrimiento proponiendo que mantenga su atención en el momento presente y confíe en la sabiduría innata que tiene todo ser humano para realizar sus potencialidades sin límites.

Esta filosofía oriental de vida persigue el derrumbamiento de toda nuestra falsa construcción mental alcanzando así nuestra mismidad, la emancipación de nuestra conciencia y el encuentro con nosotros mismos integrados completamente en el Universo, como una mejor vía de contacto con la realidad. Asimismo intenta recuperar la simplicidad y la sencillez, evita extremos como, por un lado, el abandono al placer por el placer, y por el otro, la agonía de las mortificaciones y austeridades.

El zen hace especial énfasis en la necesidad de experimentar las realidades cotidianas de forma objetiva, tal como son, y no como nos gustaría que fueran, es decir, nos invita a detener el intelecto y la imaginación para poder experimentar las cosas, las personas y las situaciones de vida como son realmente.

Y es que a veces nos desvivimos por defender las formas rígidas del pensamiento con las que intentamos poseer la vida. Quienes practican el budismo zen encuentran la riqueza del vacío, es decir el desapego a los deseos y los objetos, pero al mismo tiempo hallan la riqueza en las posibilidades espirituales para despertar el sentido innato de la existencia. Asimismo tratan de alcanzar la iluminación del ser humano de forma espontánea, instantánea, instintiva y natural.

Mamá, te quiero zen es una propuesta para disfrutar de una forma más plena y aterrizada nuestra maternidad, poniendo atención en cómo lo hacemos. El zen nos dice: *No hay una acción que sea noble de por sí; lo será o no, según la manera en que el sujeto la realice. Para ello es necesario liberarse de todos los temores de una conciencia que trata de anticipar el futuro mediante el miedo y el deseo.* La grandeza del hombre está en su vida cotidiana, en el ahora, en el eterno presente que pone la mirada en las cosas pequeñas para volverlas extraordinarias.

Te deseo de todo corazón que esta obra cumpla en ti como en mí el propósito de las autoras de **inspirarte a dejar salir la energía creativa desde tu centro para transformar la maternidad de los cuidados básicos en la creación de una vida llena de significado.** Ellas como yo estamos convencidas de que SER MAMÁ es la misión más importante del mundo y la mejor forma de lograrlo es por medio de la introspección, para nutrirnos de nuestro sentido femenino, poderoso, profundo y salvaje. *Solo así tu hijo o hija sabrá hacerlo. Solo al verte a ti, él o ella podrán llegar a su propio centro y nutrirse de él.*

JULIETA LUJAMBIO FUENTES
Periodista, logoterapeuta,
activista por los derechos
de las mamás solas

Introducción

Ana Paula recuerda una cálida mañana de mayo, cuando Elías tenía un mes de haber nacido. Lo amamantaba recostada en la hamaca de su casa. En medio de la somnolencia, del calorcito y del suave rumor de la ciudad debajo de ellos, Ana Paula se dio cuenta de que vivía un momento especial. Uno de total plenitud, el de la satisfacción de un anhelo de toda la vida: tener a un hijo en brazos. Ver sus manitas y sus ojos, escucharlo respirar, sentir su piel tan suave, comprender que salió de ella misma y dependía por completo de ella, la llevaron a un momento espiritual de profundo amor y agradecimiento.

Creemos que todas las mamás hemos tenido uno o varios momentos así. Sobre todo durante el primer año de vida, la maternidad parece fluir entre el apapacho, el juego y las suaves rutinas. Pero un día nos damos cuenta también que el ser humano que tenemos ante nosotras está en plena formación. Mucho de lo que su espíritu y su personalidad lleguen a crecer será con base en lo que interactúen con nosotras. Es nuestro compromiso y nuestra responsabilidad formarlos lo mejor que podamos.

Se dice fácil. Ahora tratemos de lograrlo en medio del caos urbano y las presiones de vivir en la era de la súper información, la súper expectativa y la súper actividad.

Como en ninguna otra época de la historia de la humanidad, las mujeres ahora tenemos la libertad de elegir hacer con nuestra vida lo que deseemos. Podemos trabajar, crecer interiormente, tener una vida social emocionante, practicar un deporte, cultivar nuestros intereses, vivir en pareja y, por supuesto, como lo han hecho todas nuestras antecesoras desde los tiempo más remotos, seguir teniendo hijos. Todo en las mismas 24 horas que tiene el día desde que el planeta empezó a girar alrededor del Sol.

La cuestión es manejable hasta que tu reloj biológico, tu vocación o las circunstancias te llevan a tener un bebé en los brazos. No puedes regresárselo a la mamá cuando empieza a llorar o moja el pañal, porque la mamá eres tú. La responsabilidad se te viene encima. No quieres repetir los patrones tradicionales porque tú no eres una mujer a la antigua. Pero tampoco tienes muy claro el camino, y es tan grande el amor que sientes por tu hijo que quieres hacer todo perfecto, sembrarle autoestima, valores, asertividad, liderazgo y, de paso, que de una vez aprenda a hablar chino mandarín. Todo eso, mientras tienes un trabajo de tiempo completo, atiendes una casa, intentas hacer ejercicio y pasas dos o más horas en el tráfico.

Hay tanta información en todos los medios que tu mente maternal empieza a sumirse en un caos: ¿Estoy haciéndolo bien?, ¿Le pongo límites o no? ¿Estaré sobreprotegiéndolo, consintiéndolo, castigándolo, regañándolo, traumándolo demasiado? ¿Es normal? ¡¿Soy normal?! Hay días en los que la ansiedad te consume. ¿Qué hacer?

Tener un hijo es para nosotras un acto de fe absoluta. No en algo sobrenatural ni en una divinidad. Es un acto de fe en la humanidad, en el potencial del ser humano de convertirse en un ser transformador en crecimiento constante. Es un acto de fe en el futuro de nuestro mundo y en nuestra capacidad de hacer y de ser.

También es un acto de amor. Y no queremos aquí caer en lugares comunes. Este amor empieza por nosotras mismas y permea en todas la interacciones que tenemos o dejamos de tener con los chiquitos. Querer hacerlo todo bien siempre nos agota y nos causa estrés. Y vivimos con la sensación eterna de que pudimos haber hecho más. ¡No es cierto!

Hay herramientas y conocimientos que pueden hacer una diferencia en la formación de nuestros hijos. Sobre todo, al traer al plano consciente las reacciones involuntarias. Creemos que, después de leer este libro, al menos seremos menos neuróticas.

Al iniciar este libro, pareciera que somos todo menos unas mamás zen. Vivir en una gran ciudad, como la de México, naturalmente hace que nuestros niveles de adrenalina estén a mil. Esperamos que leer este libro te ofrezca una oportunidad de crear un espacio de calma para ti misma desde el cual puedas conectar con tu sabiduría femenina primordial, con tu instinto y, a partir de ahí, relacionarte con tus hijos, desde el corazón y no desde las consignas sociales y culturales que no siempre son congruentes con tu espíritu.

Deseamos que la mujer zen que habita en cada una de nosotras se manifieste a partir de este momento y nos hable. Invocamos a la mujer zen, la sabia, la serena, la poderosa de todas las eras y de todos los momentos, para que nos guíe en todo lo que necesitamos para saber cómo mantener nuestra ecuanimidad cuando vivimos la etapa de madres.

Este libro fue escrito por dos mujeres con mucho en común y, al mismo tiempo, muy diferentes. Lu, madre de tres hijos y casada desde hace veinte años, es periodista, editora, escritora y amante de correr, caminar y ascender las montañas de todos los lugares del mundo a los que puede ir. Ana Paula es soltera y madre responsable al 100% de un hijo de cuatro años. Es practicante de yoga, experta en medicina Ayurveda y apasionada promotora de los estilos de vida saludables. Desde nuestra experiencia personal y nuestra investigación, surgen las acciones que proponemos en este libro, orientadas todas a inspirarnos como mamás y mujeres, a conocernos mejor, a tener mayor consciencia de nuestros actos y, sobre todo, de nuestras reacciones. Por ello, tenemos la intención de que juntas hagamos conciencia…

De que somos nosotras quienes hemos de aceptar la situación familiar en la que nos encontremos con valentía y hacer lo mejor posible con lo que tenemos.

De que son solo convenciones sociales las que nos hacen creer que debemos encajar en tal o cual modo, pero que la realidad afuera simplemente se manifiesta de forma diferente.

De que nuestra época es distinta a cuando nacieron nuestros abuelos y nuestros padres.

De que somos nosotras quienes podemos crear y hacer de nuestra realidad dentro de la maternidad algo precioso, único y divino. Este libro es una introducción básica para aquellas madres que desean conocer formas sencillas y prácticas para aprender a vivir la maternidad en armonía.

Este libro es útil para todos aquellos que cuidan a los niños. No es requisito practicar yoga ni ningún estilo de meditación. Lo importante es darnos cuenta de que existen muchas formas de quitar las telarañas de nuestra vida, mismas que nos impiden reconocer la felicidad, diría Yogi Bhajan, "como nuestro derecho de vida".

ANA PAULA Y LU

México, julio de 2013

Capítulo 1

Conócete a ti misma

$\mathcal{L}$isto. Tienes un bebé hermoso en los brazos. Ante él se extienden años de crecimiento, de posibilidades y aprendizajes. Y ante ti, su mamá, también. En ese momento único e irrepetible cuando cargas por primera vez a tu hijo decretaste algo. Aterrizaste tu poder de forma inconsciente, con una convicción que se repetirá pocas veces en la vida, con todo el amor del universo a través de ti, y deseaste algo para ese ser que entra en tu vida.

Dijiste algo así como: "Bienvenido al mundo". Y luego deseaste profundamente: "Que seas abogado, médico o ingeniero".

¿En serio? ¡Claro que no! Deseaste profundamente, desde todo el Universo y para toda la eternidad: "Que seas feliz". Si lees este libro cuando tu hijo es un niño de primaria, un adolescente o incluso un adulto, creemos que sigues deseando lo mismo: "Que seas feliz en nuestra familia, en tu país y con la gente que conozcas. Que seas feliz en lo que elijas hacer; que tu paso por este mundo lo mejore de alguna manera". Y es que en ese momento, cuando tu hijo dependía de ti para todo, fue muy claro.

Volverse mamá es el inicio de un viaje desconocido, un salto al vacío, un brinco de fe. Es un reto como ningún otro y una oportunidad maravillosa. También es la fuente de un estrés inmenso. Como pocos proyectos en nuestra vida, nos sentimos obligadas a hacerlo de forma impecable. Queremos ser unas mamás perfectas.

Esperamos que cuando termines de leer este libro te des cuenta de que no existe una madre perfecta porque al aprender de los errores y de nuestras propias limitaciones es como podemos emprender este viaje espiritual y de autoconocimiento que es la maternidad.

Y empezamos por el autoconocimiento porque estamos convencidas de que ser madres es aceptar un camino de aprendizaje interior y permanente. No hay manera de enseñarle a un hijo a ser lo que nosotras no somos. Acompáñanos en esta odisea interior que te ofrece abrirte y encontrar dentro de ti todo lo que necesitas para ser una mamá adecuada, la que tus hijos necesitan sin importar su edad o situación; una mujer que encuentra en todo momento su centro, su gracia y la luz interior que guía su camino.

Un nivel más profundo de conciencia

En nuestro libro te presentamos una visión holística de la mujer y la maternidad. Hemos consultado la sabiduría tanto de los grandes maestros yóguicos y de la milenaria medicina Ayurveda como de la ciencia y la medicina occidental contemporánea. A primera vista podrá parecer que son tradiciones que se contradicen pero si dejamos atrás las ideas preconcebidas, descubrimos que así como tienen puntos en controversia, tienen mucho más en coincidencia. Sabemos, tanto por la tradición oriental como por los más modernos estudios acerca de cómo funciona nuestra capacidad de percepción, que la realidad es un fenómeno que se matiza por la forma como nuestra mente —y todo lo que hay grabado en ella— la percibe. El director de los Centros de Cábala, dedicados al desarrollo de la conciencia y la espiritualidad, Yehuda Berg, lo explica así: "Con un mínimo cambio en la perspectiva podemos apreciar que los retos de nuestra vida están aquí para ayudarnos a crecer hasta alcanzar todo nuestro potencial".

En nuestra manera de interpretar lo que nos sucede, lo que llamamos realidad, hay muchos elementos. Están las ideas acerca de lo que es adecuado y lo que no, las expectativas acerca de nosotras mismas, de lo que nos ocurre y de la gente que nos rodea. También influyen nuestras emociones, nuestros deseos y hasta nuestras hormonas. A esto se refiere la experta en Ayurveda Maya Tiwari en su explicación de las lunas femeninas que revisaremos más adelante.

Dentro de la mente de casi todas las mujeres hay una conversación constante entre una o más voces. Deja de participar en esa conversación y conviértete en observadora de lo que ocurre en tu mente durante cinco minutos. Te sorprenderá la velocidad con que tus ideas pasan, la forma como te hacen sentir y hasta cómo algo que no tiene relación alguna contigo puede modificar tu ánimo.

Este frenesí de pensamientos puede confundirnos y también silenciar la voz más profunda y sabia que hay dentro de nosotros. Esa voz es la de nuestra naturaleza más auténtica, una especie de guía espiritual y natural que tenemos precargado en el sistema desde que llegamos al mundo. Te invitamos a prestarle atención por un momento y a reconocer cómo se siente tu cuerpo cuando diferentes pensamientos o juicios pasan por tu mente. Los que provienen de tu voz más profunda se sienten bien: al aceptarlos, tu cuerpo está relajado, lleno de energía. Sientes optimismo, confianza y claridad.

Es un trabajo gozoso escuchar y alimentar esa voz, y entrar así en un estado de gracia donde está una fuente enorme de fortaleza, gozo y claridad para ser la mujer que eres y desde ahí, desde la gracia, realizar un servicio espiritual como mamá.

Sobre la naturaleza de la mujer

Cuando Siri Singh Sahib Yogi Bhajan, a quien en adelante llamaremos Yogui Bhajan, llegó a Estados Unidos en 1969, observó que las mujeres habían cambiado de roles y que muchas de ellas eran explotadas física y emocionalmente. Por este motivo, dedicó gran parte de su vida a compartir diversas enseñanzas para mostrar a la mujer cómo recuperar su verdadera esencia y potencializar su poder y gracia.

Yogi Bhajan consagró gran parte de su existencia a hablar sobre la naturaleza y la importancia de la mujer. Siempre le pareció una aberración que no fuera respetada y fuera expuesta por sus atributos físicos tanto a nivel social como en los diversos medios de comunicación. Hicimos una compilación sobre sus valiosas enseñanzas y lo que durante años habló a cientos de mujeres del mundo.[1]

Algunas velas no están ardiendo y algunas personas no tienen brillo. Tú debes entender, en tu propia mente, que tú eres la guardiana de tu propia gracia, de tu propio carácter, de tu propio compromiso y de tu propio estándar. Aquella mujer que no establece su nobleza y no habla a través de su luz no puede ser una mujer plena.

Siempre recuerda que tu cuerpo no te hace una mujer, tus grados académicos no te hacen una mujer, tu estilo y tu belleza no te hacen una mujer ni tu profesión o tu poder te hacen una mujer. La única cosa que te hace una mujer viene del arte de ser mujer, y este arte solo adquiere realidad cuando eres consciente en tu interior, cuando eres una persona intuitiva.

Las mujeres son dieciséis veces más sensibles e intuitivas que los hombres; la naturaleza les ha dado este regalo de grandes ventajas para que algún día puedan ser madres, y gracias a esto tienen

---

[1] Ver Bibliografía.

una protección extra, una intuición extra y un calibre extra que las hace ajustables, crecientes y menguantes igual que la Luna.

Las mujeres han de cultivar de manera consciente su propio espíritu y fluir de manera natural con lo más profundo de su alma, para que puedan sentir la divinidad total dentro de sí mismas; y es allí donde nace su brillo y es ahí donde está la fuente de su nobleza, ya que el alma siempre será noble.

Una mujer noble da a luz ambientes llenos de nobleza, la lleva a todas las áreas de la vida y tiene un efecto en todas sus relaciones, ya que la nobleza es la fuente de toda la gracia.

Por ello, la mujer es la modeladora. Modela, da gracia y nobleza al tiempo, al espacio y al hombre: el hombre del mañana, el niño, el hombre del hoy, el esposo y el hombre del ayer, los ancestros. La sociedad entera, en teoría y en realidad, está basada en el espíritu de la mujer.

Sin embargo cuando busca afuera de sí la luz, existe la posibilidad de que la ciegue y sea explotada. Hay una cosa que jamás traicionará a una mujer: su propia luz y su brillo. Si su luz interior puede guiarla, siempre tendrá éxito.

Por constitución, la realización de la mujer es la maternidad, y maternidad no quiere decir que resulte embarazada y tenga un hijo. Si es capaz de entender su propio comportamiento, entenderá su maternidad: la maternidad es servicio, la maternidad es relacionarse. Cuando una mujer conoce la maternidad, ella se encuentra realizada.

A pesar de todo lo dicho anteriormente, en la actualidad, incluso en los países más "civilizados", las mujeres no tienen igualdad de derechos y oportunidades, ¿cómo es que pueden ser explotadas de esta manera?

Mientras aquellos que han nacido de una mujer no respeten a las mujeres, difícilmente se podrá tener paz en la Tierra; así de simple, las mujeres dan a luz a los hombres, las mujeres tienen relaciones que producen hombres, las mujeres nutren a los hombres, las mujeres se casan con los hombres, las mujeres son madres de los hombres, las mujeres tienen sexo con los hombres. Todas estas relaciones se dan por hecho y están allí; entonces, ¿por qué la gente se atreve a no respetarlas?

Si una mujer tiene un hijo y no le da valores, si le da amor pero pierde frente a él, su hijo se perderá. Todos nuestros hijos e hijas, todo niño, quiere enfrentarse al mañana y quiere su ayuda. Ellos quieren que les des valores. Ellos quieren que les des carácter. Ellos quieren que les digas cómo comprometerse. Ellos quieren que les digas cómo lograr cosas. Porque para ellos tú eres el ejemplo. Tú no eres una extraña para ellos. ¿Crees posible que el niño que vivió en ti no sepa quién eres tú? ¿Y que el esposo que duerme contigo no sepa quién eres tú?

Así, al final de cuentas, todo depende del impacto que tienes sobre los demás. ¿Cuál es el impacto que creas? Todo depende de tus afirmaciones como mujer, de tu propio estado interno personal. Si no tienes paciencia, si no tienes carácter, si no tienes un impacto lleno de gracia y nobleza, estarás creando un mundo más oscuro.

Al ser demasiado sensible, al ser demasiado reactiva, al ser demasiado temerosa, a veces la mujer olvida tomar los valores personales como un arte y olvida que su éxito depende de tener la maestría en el arte de ser mujer, siempre creciente en brillo y gracia, siempre atenta a la guía de su propio espíritu y a la muestra de nobleza hacia los demás.

Ahora simplemente cierra tus ojos un minuto, solo un minuto, y mantén solo un pensamiento: "yo soy divina". No te preocupes y mantente allí enfocada. Después de un momento expándelo: "nosotras somos divinas". Mantén los ojos cerrados otro poco y expándelo aún más: "ellos son divinos". Concéntrate y repite otra vez: "yo soy divina", "nosotras somos divinas", "nosotros somos divinos", "ellos son divinos", "ellos son divinos", "todos es divino", "todo es divino".

Después, abre tus ojos y respira unos momentos mientras reconoces cómo te sientes. Existe solo un escudo que puede luchar contra todo y está en el núcleo de tu interior: "yo soy divina."

Asimismo, el maestro Yogi Bhajan alabó el poder y la gracia de la mujer durante toda su vida, además de reconocer su *Aadi Shakti* o lo que se traduce como el primer poder creativo del Universo. De acuerdo con las tradiciones yóguicas,[2] el po-

---

[2] En la cosmovisión de la filosofía Sankhya, Prakruti o Shakti es el primer poder de la creación, la energía femenina de donde emerge el universo físico y la manifestación de la conciencia.

der creativo del Universo es femenino y cada mujer representa esta energía universal.

Sat Kirpal Kaur Khalsa, una de las alumnas de Yogi Bhajan, se dedicó a compilar todas las enseñanzas que año tras año el maestro compartió por más de tres décadas con mujeres de todo el mundo en su libro *Shakti*. Aquí te compartimos estos conceptos que todas podemos aplicar en nuestra vida cotidiana:

1. Conserva la gracia

Cada una de nuestras acciones, directas o indirectas, ahora o en el futuro, han de relacionarse con un principio: cómo afecta a nuestra gracia. Si algo o alguien amenazan nuestro estado de gracia, es nuestra responsabilidad movernos de ese espacio. Hemos de procurarnos un entorno cálido, seguro y sano. Para mantener la vibración de la gracia en la mujer debemos saber tres cosas:

* Nuestra posición en cualquier situación o relación.
* Nuestro entorno espiritual y personal.
* Nuestros derechos.

2. Conócete

A nivel sutil, nuestra mente y nuestras emociones son cambiantes como la Luna. Sin embargo, a nivel mundano somos como la Tierra y damos soporte a nuestro propio ser y a nuestra familia. Es por eso que es fundamental entendernos, conocernos y procurar ser siempre las mismas en todos los momentos de la vida, sin usar máscaras.

También es importante recordar el poder de la palabra, que es un vehículo para elevar nuestra propia conciencia y la de otros. Tanto para la tradición yóguica como para muchas corrientes semióticas actuales, entre las cuales destaca la programación neurolingüística y algunos estudios neurofisiológicos, el vocabulario, incluso los adjetivos con los que describimos la realidad, la crea. Las palabras y el lenguaje crean para nuestra mente los mundos donde nos desenvolvemos, tanto físicos como emocionales o mentales. Nunca hablemos de tal modo que se dude de nuestra integridad y hablemos nuestra verdad.

3. Sé un ejemplo para tus hijos

La mujer ha de procurar ser un ejemplo de verdad y de gracia. Hay que relacionarse con los hijos de forma honesta, inteligente y con afecto, además de proveer disciplina y protección. Como mujeres tenemos la posibilidad de guiar a un individuo durante los primeros once años de su vida para que se comporte de forma integral y verdadera, y de enseñarle sobre la disciplina y el espíritu. Por eso es tan importante prepararse para ser madre en términos emocionales, físicos, mentales y espirituales.

4. Busca el balance

Prácticamente ningún entorno nos hará felices si nuestro mundo interno no está en equilibrio. Este equilibrio se basa en sentimientos de seguridad, calidez, apreciación y proyección efectiva de nuestra personalidad. En los siguientes capítulos de este libro ofrecemos varias acciones que nos permitirán organizar los días con base en lo que es más importante y encontrar, de forma gradual, el tiempo que nos hace falta.

5. Conecta con tu gracia interior

Guru Raj Kaur Khalsa explica en el libro *I am a Woman:*[3] "Una mujer necesita vitalidad interna para experimentar felicidad y satisfacción. La vitalidad interna se caracteriza por su autoestima, su resplandor, su brillo físico, su fluidez y su gracia para enfrentar los retos de la vida, su práctica y su disciplina que producirán maestría. Como mujeres debemos saber conectarnos con la vida y con nuestra propia eternidad. Por eso debemos hacer elecciones conscientes cada día que

---

[3] Yogi Bhajan, *I am a Woman*, p. 5.

nos regresen a nuestra conciencia elevada y a nuestra vitalidad interna y externa. Con estas elecciones creamos un ritmo y entrenamos a la mente y al cuerpo para que sigan al alma".

🌿 *Tus lunas, tus fases* 🌿

Como mujeres pasamos a través de diferentes etapas en la vida, como la menstruación, el embarazo y la menopausia. Cada uno de estos cambios tiene un efecto a nivel físico, emocional y hormonal. Comprenderlos y fluir con ellos es una oportunidad más de autoconocimiento y de practicar un concepto importantísimo para la maternidad que proponemos. Practicar la compasión —esa convicción de que somos parte de la misma humanidad, con el mismo anhelo básico de ser felices— hacia ti misma te dará la oportunidad de ser compasiva con tus hijos, tu pareja y quienes te rodean.

🌿 *La Luna y la mujer* 🌿

Se ha observado cómo la Luna afecta a la Tierra, al clima y al comportamiento de los animales. De acuerdo con lo que indican las tradiciones de la medicina ancestral de India o Ayurveda, existe un ciclo lunar femenino que influye en nuestra salud. Es comparable con el ciclo menstrual hormonal que marca cada mes la fertilidad de las mujeres con picos de estrógeno y testosterona en diferentes momentos del ciclo. Cada hormona afecta el estado de ánimo, la sensualidad, la piel, el apetito y hasta la agudeza mental. Conocerlo y fluir de acuerdo con este ciclo es saludable.

Según lo que señala la especialista en Ayurveda Maya Tiwari, "muchos desequilibrios están relacionados con la desconexión que las mujeres tenemos con nuestros ritmos internos". Para esta autora, la salud de la mujer se ve cada vez más afectada por problemas en los ovarios, desequilibrios en su menstruación, pubertad prematura; flujo menstrual excesivo, nulo o escaso, infertilidad; infecciones vaginales, cáncer uterino o mamario, por citar algunos. Estos síntomas están relacionados con el ciclo menstrual femenino.

Según el Ayurveda, el hombre se mueve con el ritmo del Sol y la mujer se mueve con los ritmos de la Luna. Y continua Tiwari: "nuestra menstruación es importante porque es el medio a través del cual nuestra fuerza vital *(prana)* se revitaliza, restaura y purifica". Asimismo Tiwari señala: "los niveles de desequilibrio hormonal, acompañados por una nutrición pobre, exceso de ejercicio y en general no tomar en cuenta los ciclos naturales, son las principales causas que afectan la salud de la mujer".

En palabras occidentales, muchos factores de la vida moderna han afectado nuestra salud. El estrés que oxida nuestras células nos hace envejecer y desarrollar enfermedades porque debilita el sistema inmune. La mala alimentación y los pésimos hábitos de ejercicio y sueño hacen su parte. Según la Organización Mundial de la Salud, de la Organización de las Naciones Unidas, en 2011 había 300 millones de mujeres obesas en el mundo. Es casi tres veces la población de México. La obesidad se ha convertido en una de las principales causas de muerte en el mundo porque es uno de los factores determinantes de diabetes y enfermedades cardiovasculares, además de aumentar el riesgo de muchas otras fatalidades, como ciertos tipos de cáncer, incluidos el de mama y el cervicouterino, que son los que matan a más mujeres.

Otro factor que ha alterado el ritmo ancestral del organismo femenino al que se refiere Tiwari es el posponer lo más posible la maternidad. Para ella, la vida acelerada y activa que hoy vivimos como mujeres nos aleja cada vez más de nuestra naturaleza receptiva y disponemos de menos tiempo para conocer nuestros ritmos y equilibrarlos con el ritmo de la naturaleza.

El Ayurveda señala que, por naturaleza, la mujer debería de tener su periodo menstrual en la Luna nueva y su periodo de ovulación en la Luna llena. Si no es así, es recomendable seguir las prácticas *(Sadhana)* que sugiere Tiwari para regresar poco a poco a armonizarnos y reencontrar nuestro equilibrio físico y emocional:

1. Lleva un calendario lunar. Más adelante hablaremos acerca de los once centros de la Luna.
2. Procura descansar durante los días de menstruación y abstente, al menos durante los dos primeros días de la misma, de cocinar o realizar actividad física extenuante. Este es un momento de purificación y renovación. Durante estos días sigue una dieta ligera de ensaladas, jugos frescos, tofú y frutas frescas. Bebe té de menta, jengibre o limón para revitalizarte.
3. Durante la fase personal de Luna llena se recomienda que la mujer disfrute y celebre su condición de mujer. Es el periodo natural de la ovulación, de tener relaciones sexuales y/o de tomar un baño con aromaterapia o fragancias y comer productos deliciosos, como leche de vaca o de soya, sopas, arroz, pasta y dulce. Vale la pena rejuvenecerse y propiciar un espíritu de abundancia y de celebración en estos días.

Los centros de la Luna de la mujer

Así como la vibración del Sol tiene un efecto sobre la energía del hombre, la psique, la mente, las emociones y el comportamiento de la mujer están afectados por la energía de la Luna. De acuerdo con la explicación de las tradiciones del Kundalini Yoga, cada dos días y medio cambiamos de comportamiento según las diferentes fases de la Luna. Tal y como se explica en el libro *I am a Woman* de Yogi Bhajan,[4] es necesario que las mujeres reconozcamos nuestro propio ciclo y los once centros lunares, para así estar más conscientes de nuestras decisiones,

---

[4] *Ibídem*, p. 160.

acciones y relaciones. Es posible que nos demos cuenta que cada dos o tres días cambiamos sutil o notoriamente de estado de ánimo. De nuevo, es un ejercicio de autoobservación que conduce al conocimiento de nosotras mismas. Ya reconocimos los diálogos que hay en nuestra mente; ahora observaremos los cambios de ánimo y sensaciones que experimentamos a lo largo de nuestro ciclo menstrual. Comprenderlos nos permitirá ajustar nuestras actividades, poco a poco al principio y luego con más claridad para lograr mayor armonía.

Abajo se enlistan los once centros lunares y los cambios emocionales que los acompañan durante dos días y medio y que se repiten mes con mes.

1. La línea del cabello. La mujer se siente consciente, firme, estable, clara y divina.
2. Mejillas. Ha de observar su comportamiento de cerca, porque es posible que sea muy impulsiva y explosiva.
3. Labios. Aquí la mujer se vuelve muy reservada.
4. Lóbulos de las orejas. Se vuelve muy racional y discute sobre valores.
5. Nuca. Se vuelve muy romántica, sensual y sensible.
6. Pezones. La mujer se vuelve muy generosa y empática. Puede llorar con facilidad.
7. Punto del ombligo. Se vuelve muy insegura y frágil.
8. Interior de los muslos. Quiere confirmarlo todo y se vuelve testaruda.
9. Pestañas. Se vuelve soñadora, imaginativa y fantasiosa.
10. Clítoris. Se vuelve muy sociable y habla mucho.
11. Vagina. Se vuelve profunda y muy sociable.

La idea detrás de los once centros lunares es la autoobservación, para que podamos escucharnos y sentirnos durante varias semanas. De esta forma, observemos sin juzgar cómo estamos reaccionando y qué sentimos. Es un camino más para despertar la compasión hacia una misma y, desde ahí, relacionarnos con el mundo. Una vez que identificamos nuestras lunas entendemos que lo que sentimos en un momento determinado es relativo a la situación hormonal, la emoción y la fase lunar que vivimos. Y que, como la Luna a lo largo de su ciclo, van cambiando. Es importante tomar en cuenta que si la mujer tuvo un abuso sexual o algún accidente, estos centros pueden desequilibrarse. Para equilibrar los centros de la Luna, romper con adicciones y patrones negativos de comportamiento se recomienda practicar la siguiente meditación.

🍃 *Meditación Kirtan Kriya para los centros lunares* 🍃

Inicia acostada boca abajo con las palmas de las manos hacia arriba. La barbilla queda apoyada sobre el piso. Se lleva la atención al entrecejo y se repite el mantra[5] *SA TA NA MA*.

SA TA NA MA es el mantra básico enseñado por Yogi Bhajan para reorientar la mente y abrirnos a la posibilidad de la transformación, ya que utiliza los sonidos primordiales para conectarnos con la naturaleza evolutiva de la existencia misma.

Mientras cantas el mantra, presiona alternadamente el dedo pulgar con los cuatro dedos. Aprieta los dedos suficientemente fuerte para mantenerte despierta y consciente de la presión. Sigue repitiendo a un ritmo estable.

> *SA* presiona el dedo pulgar e índice.
> *TA* presiona el dedo pulgar y medio.
> *NA* presiona el dedo pulgar y anular.
> *MA* presiona el dedo pulgar y meñique.
> *SA* quiere decir comienzo.
> *TA* quiere decir vida.
> *NA* quiere decir muerte.
> *MA* quiere decir renacimiento.

---

[5] Mantra. Sonido que al repetirse genera un cierto estado de conciencia.

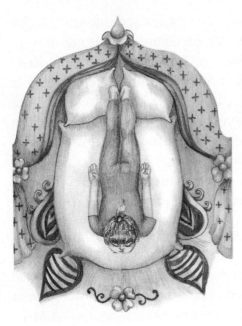

Debes pronunciar el mantra durante 31 minutos y es ideal para equilibrar los centros de la Luna. Además, te ayudará a limpiar las huellas energéticas de las relaciones sexuales que hayas tenido en tu vida para reestablecer tu aura.

❧ *El mapa de la felicidad de la mamá zen* ❧

La vida tan acelerada que vivimos la cual nos demanda hacer más y en menor tiempo, así como el rol de mujeres independientes y profesionistas nos han orillado a fortalecer nuestra naturaleza racional o activa y nos han alejado de nuestra naturaleza receptiva y creativa.

Las mujeres vivimos a toda velocidad desde hace décadas, lo cual nos hace pensar que es muy normal que trabajemos y nos ejercitemos muy activamente durante la menstruación o que al momento de tener a nuestros hijos no nos demos el tiempo de reestablecernos del parto a nivel físico y emocional. La sociedad misma no ha creado los espacios que nos permitan, sin un fuerte costo, vivir con calma. La misma ley que nos obliga a volver a trabajar a los cuarenta días de haber dado a luz ignora por completo el ciclo emocional y físico por el que pasa una mujer en esta etapa. Las familias se han redefinido, los roles han cambiado y las ambiciones de las mujeres también. Veremos en el siguiente capítulo cómo la familia ya no es lo que era hace pocos años. Las mamás tampoco. Estos cambios nos han permitido una gran libertad y un avance importante en términos de equidad. Sin embargo, cuando hay muchas opciones y una mujer se desenvuelve en diferentes roles en distintos aspectos de su vida, esa sabiduría interior puede silenciarse y la calma desde donde nace toda creatividad y es fuente de paciencia, sabiduría y gracia, desaparece de nuestras vidas. Resultado: mamás desorientadas, frustradas y tristes. Una mamá así no puede esperar formar hijos felices.

¿En dónde estamos como mamás? ¿Hemos tomado la responsabilidad de nuestra vida y de nuestra salud o la hemos dejado al destino o en manos de un médico?

En el proceso de escritura de este libro nos dimos cuenta de que en nuestra vida como madres hay cuatro aspectos importantes, con diferentes apartados:

* La maternidad
* Nuestra profesión
* Nuestra pareja
* El tiempo personal

Cada uno de estos cuatro elementos enriquece nuestra existencia y nutre a los demás. Es nuestro trabajo individual desarrollarlos con base en lo que es importante para nosotras en un momento particular de nuestra existencia y recordar, a pesar de las urgencias cotidianas o de las ambiciones que se nos inculcan, que la medida de éxito debemos establecerla nosotras, no la sociedad ni nuestros colegas. Es importante recordarlo, pues no somos capaces de enseñar a nuestros hijos algo que nosotras no hayamos experimentado a un nivel existencial, no solo racional. Y para llevarlos a la felicidad que tanto deseamos para ellos cuando eran bebés, no nos queda otro camino que buscar nuestra felicidad individual, ese pozo infinito de gracia y gozo a partir del cual podremos relacionarnos de forma amorosa con los hijos que tenemos y con el Universo entero. Hay que saber dónde estamos paradas. Detenernos y ver cómo distribuimos nuestras prioridades en esta nueva etapa de la vida. Nos hemos topado con mujeres que sacrifican su vida personal, de pareja y su tiempo individual para dedicarse por completo a la maternidad; o madres que son responsables 100% de sus hijos y de desarrollar su vida profesional, pero que olvidan el tiempo personal o el de tener una pareja; o madres que son profesionistas o esposas, pero que delegan la formación y la convivencia diaria con sus hijos en una nana o en algún familiar.

¿En dónde estamos?

Al final de este capítulo tenemos un espacio para que hagamos el ejercicio de dar un porcentaje a cada una de las áreas y así reconocer si estamos abandonando algún aspecto y realicemos un cambio, tomemos una decisión consciente que nos acerque más a la felicidad.

Nos desequilibramos por dos causas:

1. Cuando ponemos nuestras expectativas en lo externo, hacemos que nuestra felicidad dependa de factores externos, llámese el amor o la atención de una pareja, nuestros hijos o amigos; algún objeto del deseo: la bolsa, la casa, el hijo, por citar unos ejemplos. Bien lo decía Buda, "la causa del sufrimiento humano es el deseo". En muchas ocasiones ponemos nuestra felicidad en manos de una persona, un objeto, una situación determinada. Al hacerlo quedamos en una posición muy vulnerable, pues dependemos de algo que está afuera de nosotras y no podemos controlar Le damos mucho poder al hecho de que si obtenemos la atención o el amor de alguien o el objeto de nuestro deseo, vamos a ser felices.

2. La segunda causa del desequilibrio es cuando ponemos nuestra energía solo en un área de la vida, como bien lo explica Stephen R. Covey en el libro *Los 7 hábitos de la gente altamente efectiva*. Quizá ponemos toda nuestra energía en la familia o en el trabajo y desatendemos otras áreas.

La buena noticia es que siempre podemos cambiar la perspectiva desde donde experimentemos la vida, sobre todo si reconocemos el hecho de que la única constante en la existencia es el cambio. No tenemos por qué quedarnos en donde estamos si no nos sentimos cómodas o felices. Lo que sí es necesario es tomar la responsabilidad de nuestra vida y hacer los cambios precisos para sentirnos satisfechas.

¿Cómo podemos regresar a nuestro equilibrio?

Te proponemos hacer el mapa mental de la felicidad, el cual nos permite descubrir en qué ponemos nuestra energía. Para que el mapa sea de utilidad hay dos requisitos: tomar la responsabilidad de tu vida y aprender a decir NO a otras cosas para decirte SÍ a ti misma.

Meditación: *La gracia de la mujer*

Esta es una meditación sencilla que puedes practicar al despertar o al irte a dormir. Sat Kirpal Kaur Khalsa nos explica que esta meditación está diseñada específicamente para mujeres y es ideal para ajustar patrones negativos de la personalidad y darle a la mujer el poder de mirar hacia adentro y conectar con su verdadera naturaleza divina. Es una manera de empoderarnos como mujeres y recuperar una imagen positiva de nosotras mismas, recuperar nuestro resplandor y nuestra salud física, concluye Sat Kirpal en su libro *Shakti*.

Parte 1
Recuéstate sobre la espalda y pon los brazos al costado del cuerpo con las palmas de las manos hacia arriba. Relaja la cara y el cuerpo. Respira normalmente. Ahora inhala, retén el aire y repite en silencio para ti misma diez veces: *Yo soy la gracia de Dios*. Exhala y sin aire repite diez veces: *Yo soy la*

gracia de Dios. Repite el proceso cinco veces más. Es recomendable practicar esta meditación al menos durante cuarenta días.

Parte 2

Siéntate con las piernas cruzadas y los ojos cerrados. Relaja tu mano derecha sobre tu rodilla derecha y junta el dedo índice con el dedo pulgar (esta postura de las manos se llama *Gyan Mudra*). Dobla tu brazo izquierdo de tal modo que el antebrazo se encuentre vertical y con la palma de la mano hacia el frente. Respira de forma relajada y trae tu atención a los dedos de la mano izquierda.

Ahora estira tu dedo meñique (tiene una influencia directa sobre tu comunicación) y repite cinco veces en voz alta: *Yo soy la gracia de Dios*, mientras meditas en transformar tu comunicación. Después relájalo.

Estira tu dedo anular (influye sobre tu salud física y tu belleza) y repite cinco veces en voz alta: *Yo soy la gracia de Dios*, mientras meditas en transformar tu ser físico. Después relájalo.

Ahora estira tu dedo medio (afecta tus emociones y tu karma) y repite cinco veces en voz alta: *Yo soy la gracia de Dios*, mientras meditas en aceptar todos los retos. Después relájalo.

Ahora estira tu dedo índice (afecta tu sabiduría y tu capacidad de expansión) y repite cinco veces en voz alta: *Yo soy la gracia de Dios*, mientras meditas en fundirte con tu sabiduría interna. Después relájalo.

Por último estira tu dedo pulgar (se relaciona con tu ego y tu identidad) y repite cinco veces en voz alta: *Yo soy la gracia de Dios*, mientras medita en expandir tu ser infinito. Después relájalo.

Relaja la mano izquierda sobre la rodilla. Une también el dedo pulgar con el dedo índice y conecta con la parte pasiva, graciosa y receptiva en ti.

Sat Kirpal Kaur Khalsa recomienda practicar esta meditación dos veces al día, al amanecer y al atardecer.

Descúbrete

Aquí te ofrecemos el espacio para que aterrices lo que te llamó la atención o tuvo sentido para ti en este capítulo. Al principio puedes hacer las listas y responder a las preguntas formuladas. Al final hay espacio para que escribas lo que vino a tu mente, los "veintes" que te cayeron y hasta las cosas con las cuales no estás de acuerdo.

Ejercicio de autobservación

Tus diálogos interiores

Este ejercicio es parte de una tendencia en psicología occidental que se conoce como *mindfulness*. Esta técnica cultiva la capacidad de estar en contacto lo más posible con el momento presente y sentirnos abiertas a las experiencias que surjan. En las tradiciones orientales ha existido por milenios y se practica a través de la meditación. Hace poco, la psicología empezó a utilizarla como técnica eficaz para tratar trastornos como el síndrome por estrés posttraumático, la ansiedad y la depresión. Un aspecto de la práctica de *mindfulness* es la observación, sin juzgar, de los pensamientos. Este ejercicio nos ayuda a lograrlo:

1. En una postura cómoda, acostada o sentada, relaja tus hombros y cierra los ojos.
2. Por dos o tres minutos concentra tu atención en tu respiración, sin alterarla. Siente cómo entra y sale el aire de tu cuerpo.
3. Cuando sientas que tu cuerpo está sumergido en la experiencia de respirar, cambia tu atención a tus pensamientos.
4. Observa tus pensamientos como ideas u objetos que hay en tu mente. Observa cómo entran, crecen y luego se disipan en tu mente, sin detenerlos, prolongarlos o sentir nada.
5. Cada vez que te distraigas o te enredes en un pensamiento, advierte qué lo ocasionó y regresa a ser una observadora de tu mente.
6. Escribe a continuación los pensamientos que percibiste y cómo te hicieron sentir:

Para trazar el mapa de la felicidad

En la página 40 encontrarás el mapa de la felicidad, que consiste en un círculo del que parten cada uno de los nueve aspectos del ser:

* ✳ Relaciones de pareja
* ✳ Amigos
* ✳ Familiares
* ✳ Hijos
* ✳ Mente en equilibrio
* ✳ Cuidado de mi cuerpo
* ✳ Cultivo de mi espíritu
* ✳ Tiempo de ocio y entretenimiento
* ✳ Trabajo y profesión

En cada una de las líneas que parten del círculo escribe las actividades que puedes hacer para mejorar estos aspectos. Tu mapa se verá como un sol. Describe con tres a seis palabras cómo puedes llevar ese aspecto al equilibrio que deseas. Por ejemplo, en "cultivo de mi espíritu" puedes escribir: "medito diariamente"; en "cuido mi cuerpo", "me doy tiempo para el descanso". Al hacer este ejercicio, en primer lugar, vas a descubrir cuáles son las actividades que te hacen feliz; en segundo, de qué forma puedes encontrar un equilibrio en tu vida para que todos los aspectos que conforman el complejo del ser (cuerpo, mente, espíritu, sentido de vida, emociones) estén balanceados.

Cada vez que lo necesites consulta tu mapa y considera qué puede cambiar; por tanto, puedes hacer uno nuevo cada vez que lo requieras. La idea de este mapa es que recuperes tu poder como ser humano, conectes con tu sabiduría interior, poco a poco descubras la felicidad que te espera cuando no la pones en manos de nadie y tomes responsabilidad de tu propia vida.

✳ Relaciones de pareja

_____

✳ Amigos   ✳ Familiares

_____   _____

✳ Hijos   ✳ Mente en equilibrio

_____   _____

Yo soy feliz

✳ Cuidado de mi cuerpo   ✳ Cultivo de mi espíritu

_____   _____

✳ Tiempo de ocio y
✳ Trabajo y profesión   entretenimiento

_____   _____

Capítulo 2

Mantén tu autoestima a lo largo de las etapas de tu vida

La autoestima

Imagina que estás en una canoa en medio de un profundo y ancho lago. La canoa se mece por el agua y también, de repente, brinca por las corrientes más fuertes. ¿Cómo te sientes con los vientos y los movimientos? Puedes sentir confianza en que tu canoa es capaz de navegar hasta donde tú deseas y en que sorteará las tormentas, las olas y las corrientes. O puedes dudar de su seguridad y pasar todo el viaje pensando que en cualquier momento se mete el agua, se hunde o se voltea. La canoa es tu autoconcepto o autoestima.

A grandes rasgos, la autoestima es la opinión —sin engañarte— que tienes de ti misma. Es lo que piensas de ti, con tus cualidades y defectos. Se forma con los pensamientos, relaciones y experiencias que vives desde la infancia. Cuando es sana te permite enfrentar los altibajos de la vida con resiliencia, optimismo y confianza en tus habilidades para superar los retos. En pocas palabras, es la noción personal y verdadera de cuánto vales. Una buena autoestima no significa que sea alta, sino que es una autoaceptación en la cual no te juzgas a ti misma ni con dureza ni con holgura, sino que te conoces, aceptas y estás cómoda con tu forma de ser. Para muchos investigadores es el valor que una persona se da a sí misma, unido a la percepción de la capacidad que cree tener para superar diferentes retos. La autoestima es la que dirige su forma de comportarse para satisfacer sus necesidades, superar los cambios y, en última instancia, crecer interiormente.

Es decir, la autoestima es qué tan bien te sientes contigo misma. Es un tema importante, porque si es sana —si confías en tu canoa y vas tranquila sobre el lago—, te ayuda a relacionarte desde la salud emocional con todos los que te rodean, empezando por tus hijos y tu pareja. Además, no puedes criar hijos con una autoestima saludable si tú no has hecho nada por desarrollar la tuya.

Por mucho tiempo, los psicólogos pensaban –algunos todavía opinan así, aunque hay muchas investigaciones que afirman lo contrario– que la autoestima se formaba en la infancia y no podía cambiar más adelante.

Sin embargo, los expertos han encontrado que la autoestima puede mejorar y fortalecerse en cualquier etapa. Depende mucho de cómo enseñas a tu mente a interpretar los que te sucede, lo que piensas acerca de ti misma, de las cosas que te ocurren y de tu edad. Este autoconcepto va cambiando porque se relaciona con las experiencias de la vida que tienen un significado profundo para ti. Por eso, es una fortaleza que puedes construir y mejorar cuando lo necesites.

Un poco acerca de la autoimagen corporal

Cómo te sientes respecto de tu cuerpo es un aspecto de la autoestima. Sabemos que la cultura contemporánea pone especial atención en la talla y el peso. Casi todas en algún momento, por lo menos, definimos si somos o no atractivas en comparación con las mujeres que vemos en los medios. Casi siempre los medios masivos promueven una imagen de mujer que es absolutamente irreal. De hecho, acerca de la figura idealizada por las modelos, según un estudio realizado por The Renfrew Center Foundation for Eating Disorders, solo 5% de las mujeres en Estados Unidos tienen por naturaleza el cuerpo popularizado por las revistas. Además, cada vez hay más distancia entre la forma de un cuerpo saludable de mujer y el cuerpo que exhiben las modelos y algunas actrices. Según otro estudio, las modelos que vemos en las revistas y a las que envidiamos están, en promedio, de 13 a 19% por debajo del peso saludable para su estatura y edad. Con esa constitución les costaría trabajo embarazarse. Cuando trabajamos en una revista de salud y ejercicio nos costaba mucho trabajo contratar modelos que estuvieran en forma. ¡Muchas ni siquiera podían levantar unas pesas pequeñas para posar para las fotos!

Esperamos que esta información sea suficiente para que ajustes la idea que tienes de lo que tu propio cuerpo debe medir o pesar. Lo más importante es que hagas conciencia de que tu cuerpo es un vehículo. Es para toda tu vida. En él podrás crecer, crear, disfrutar. ¿Cómo puedes honrarlo? Encontrando todas sus potencialidades, cuidando que esté saludable. En lo que menos piensa una corredora que llega a la meta después de diez kilómetros es en la belleza de sus piernas. ¡Qué maravillosas nuestras piernas que nos llevaron hasta la meta! Que si hay estrías o celulitis, nada más normal. Esas marcas son parte de nuestra historia y son muy poco importantes comparadas con la belleza de un cuerpo capaz de estar sano y cumplir sus retos.

Hay todo tipo de razones por las que una persona se inscribe en un gimnasio. La principal es la estética; otra es verse lo mejor posible para un evento concreto. La tercera es mantener o mejorar la salud. De estas tres razones, las personas que se inscriben para cuidar su salud son quienes siguen en el gimnasio un año después. Y además, las que en el proceso y a la larga mejoran su autoestima.

La vida de tu autoestima

Es normal que la canoa de la cual hablamos no navegue en las mismas condiciones todo el tiempo. Como es evidente, habrá tormentas y aguas en calma. También, a lo largo del tiempo, la canoa necesitará mantenimiento porque sufrirá un desgaste natural. El psicólogo e investigador estadounidense Richard W. Robbins ha estudiado la autoestima y la forma como se percibe en diferentes edades por muchos años. En un artículo que publicó en una revista especializada resumió de forma muy clara cómo varía a lo largo de la vida.

Uno de los hallazgos más interesantes es que las mujeres, en promedio, tienen la autoestima más alta de su vida —en términos de puntos en la gráfica— entre los nueve y los doce años de edad. Durante la adolescencia, baja y empieza a subir poco a poco en la vida adulta. Su pico mayor en las adultas es después de los sesenta años de edad.

La niña salvaje

Este hallazgo de que la autoestima de las niñas de nueve años en general es muy positiva recuerda a Clarissa Pinkola-Estés, autora de *Mujeres que corren con los lobos.* Ella, en su libro, hace una invitación a que las mujeres nos reconectemos con la salvaje que tenemos dentro. Esta mujer ha tenido que domesticarse para poder vivir en sociedad, cumplir con éxito sus roles y ser aceptada. Pero según Pinkola-Estés, a los nueve años la mujer todavía no sufre presión por ajustarse a su grupo y puede ser ella misma. Usa el ejemplo de la pequeña que llega a una alberca y, de la emoción, se arroja al agua totalmente vestida, que se atreve a trepar árboles y enlodarse por completo, que está despeinada. Este libro, el cual utiliza numerosos cuentos de hadas para llevar a las mujeres a reconectar con su psique y su verdadera naturaleza, te invita a usar el recuerdo de cómo te sentías y qué querías alrededor de los nueve años para encontrar claridad en etapas difíciles.

La adolescente

Los cambios hormonales y físicos tienen un impacto importante en todas las mujeres. Por supuesto que, en algún momento, tú también te sentiste fuera de la norma. Y empezaste a hacer dietas, a vestirte a la moda, a leer revistas de belleza. Para los académicos, a esta edad también influye en la autoestima el cambio de primaria a secundaria y, sobre todo, el proceso neurológico en el cual la mente empieza a pensar de forma más abstracta acerca de uno mismo, a reconocer oportunidades desperdiciadas y cambios en las expectativas, además de que a esta edad se presentan retos mayores. Para muchos psicólogos, la adolescencia es una etapa muy importante para cuidar e intervenir en la formación de una autoestima sana. Si tienes una hija o una adolescente cercana a ti, ayúdala a utilizar las técnicas para aumentar la autoestima que te proponemos más adelante. De forma muy básica, las herramientas más efectivas para mejorar la autoestima de las adolescentes son que tengan metas y las alcancen, estén cerca de personas que las hagan sentir bien y acostumbrarlas a tener pensamientos positivos acerca de ellas mismas, de su cuerpo y de lo que pueden lograr. Son los refuerzos que tiene la canoa para mantenerse más estable en aguas turbulentas.

El embarazo

Sabes todo lo que se supone debes sentir en estos meses: que tu piel brilla, estás creando vida, estás plena. Pero en realidad sientes que estás hinchadísima, no cabes en la ropa, tus zapatos te aprietan. Para muchas mujeres, el periodo de embarazo es un reto para la autoestima o, cuando menos, para la parte que está relacionada con la autoimagen corporal.

La investigadora inglesa Holli Rubin explica que tu cuerpo se convierte en algo nuevo. Deja de pertenecerte para ser el vehículo que cuida a tu bebé. El peso aumenta y algunas mujeres pueden sentirse gordas. Esta psicóloga te recomienda reconocer y aceptar que tienes más peso, pero que es saludable. Cada cuerpo cambia de forma distinta durante el embarazo, así que ten muy claro que no hay forma correcta de estar embarazada y si tu médico no dice lo contrario, es perfectamente normal lo que sientes o cómo te ves. No te compares con las modelos o actrices: recuerda que muy pocas se atreven a ser vistas en público en las últimas semanas; cuentan con estilistas, expertos en imagen y médicos que las ayudan a verse mucho mejor de lo que se sienten. Además, casi todas las fotos que ves de ellas están retocadas. Lo importante es que, más allá de cómo sientas tu cuerpo en este periodo, estás viviendo una transformación espiritual y un gran crecimiento interior. Te compartes con un ser nuevo, de la forma más profunda que pueda imaginarse.

El postparto

Si estás en la fase de recuperar la figura después de tener a tu primer bebé, o hasta el segundo o tercero, es momento de que pares todas las ideas que seguro pasan por tu mente. Nadie, lo afirmamos con mayúscula, NADIE espera que te veas más delgada que antes de embarazarte a las seis semanas de haber dado a luz.

Muchas doulas o "cuidadoras de mujeres", parteras y chamanas consideran que el embarazo dura en realidad doce meses. Los nueve de gestación y los tres primeros meses de vida del bebé. Es un año de profunda transformación. Inmediatamente después de dar a luz tu organismo inicia una cadena de procesos hormonales, físicos y químicos. Tu útero, que al momento del parto pesa más de un kilo, se reducirá a pesar 56 gramos. Tus glándulas mamarias se activan, tu busto crece y duele. Agrega a esta situación que si tuviste cesárea debes recuperarte de una cirugía. Tu cerebro también sufre estos cambios y puedes llorar o sentirte melancólica sin saber bien por qué.

No te desanimes ante este panorama. Lo explicamos nada más para que te des cuenta de que estás en un proceso muy complejo y no es el mejor momento para hacer dieta o preocuparse por cómo crees que te ves. Mejor te invitamos a que te sumerjas de lleno en tu maternidad. No pienses en trabajo ni en visitantes, ni siquiera en mantener orden en la casa o un horario. Los primeros momentos, días y semanas de vida de tu bebé no van a repetirse nunca. Lo único importante en ellos es mantener un lazo profundo con este nuevo ser, conocerlo, alimentarlo y mantenerlo cerquita de ti para que su inicio en este mundo sea dentro de una nube cálida y amorosa. No pasa nada si decides pasar días enteros en la cama, acurrucados, amamantando a libre demanda. Además, de acuerdo con las tradiciones yóguicas, el bebé comparte y se nutre de nuestra aura durante los primeros cuarenta días de nacimiento, por lo que es fundamental mantenerlo seguro a nivel físico y energético. Concéntrate en esto en este momento.

Tu autopercepción como mamá: define "normal"

Una amiga nuestra, que vivía sola con su hijita de tres años de edad, decidió no comprar muebles de sala y comedor por un lustro. En su lugar tenía un conjunto de mesita y cuatro sillitas de princesas, de plástico. Le parecía lo más normal del mundo desayunar, comer y cenar ahí, sentadas en las sillitas miniatura, comer en platitos de dibujos y disfrutar como si todo fuera un juego.

Otra descubrió que sus hijos comían felices todo lo que fuera presentado en forma de bocadillo. Así que lo normal en su casa era comer botana con verduras, con carne y con fruta, todo muy nutritivo pero en forma de brochetita, canapé o sobre una galletita.

Uno de los hijos de Lu no pronuncia bien la letra "r". Para nosotros es normal escucharlo hablar así. En la escuela dicen que es cuestión de tiempo y nada de qué preocuparse. Sin embargo, no pasa una semana sin que alguien pregunte si es normal que no pronuncie bien a su edad.

¿Normal? No hay una definición clara de este concepto cuando se aplica a los humanos. Solo existe lo que se acerca a la media y, por tanto, es lo más común. Pero eso no lo vuelve la regla de oro contra la cual pueda medirse nuestro estilo de maternidad ni el avance físico, intelectual, social o emocional de nuestros niños. Lo normal es aquello que se sujeta a ciertas normas fijadas de antemano. Por tanto, puede ser relativo a la cultura o a las circunstancias socioeconómicas concretas de cada persona o sociedad.

Evidentemente necesitamos un punto de referencia en diferentes aspectos del desarrollo de nuestros hijos. Debemos conocer la edad en la cual la mayor parte de los niños pasan por diferentes etapas para saber si nuestro pequeño está madurando de forma adecuada. Necesitamos conocer cuál es la temperatura normal del organismo para saber cuándo hay enfermedad. También requerimos entender el proceso de maduración neurológica que nos ayuda a identificar si es necesario ofrecer un apoyo especial al pequeño.

Pero para criarlo lo normal lo estableces tú. Con el primer hijo, sobre todo, desde que sabemos que estamos por tenerlo, empezamos a desear que todo sea normal. Normal el embarazo si es biológico, normal el proceso si es adoptado. Normal el parto y la llegada a casa. Normal su alimentación y sus horas de sueño. Normal hasta su forma de hacer popó.

Y a las pocas horas de tenerlo entre los brazos nos damos cuenta de que este viaje va a ser todo menos lo que consideramos normal porque nadie tiene la fórmula. Porque cada ser humano que existe en la Tierra es único, nació de una combinación de genes nunca antes y nunca después lograda.

¿Es normal este niño?

El escritor y divulgador de la ciencia Isaac Asimov escribió un ensayo en el cual comprobó matemáticamente que mientras más se acerque un ser humano al punto hipotético más normal de una curva, más anormal será. Nadie puede estar justo en la curva de la gráfica.

Por eso, tómate las etapas de tu hijo con calma. Hay un rango dentro del cual puedes habitar con comodidad sin empezar a obsesionarte porque no se sienta solo, no camina o no habla mientras sus pares ya empiezan a hacerlo. Consulta con un médico o un psicólogo si tienes alguna duda, pero por favor no te fíes de otras mamás. Mucho menos de las que te dicen que su hijo "nunca" mojó la cama o "nunca" hizo berrinche. O te mienten o sus hijos viven en el pánico de la furia maternal.

Casi todos los niños están en el rango de normalidad. Es normal que a veces no coman, les dé fiebre, enfermen. Es normal que tengan pesadillas, hagan berrinches, que a ratos te caigan pésimo y, cuando crezcan, será normal que las hormonas los controlen, duerman por horas y quieran irse de fiesta.

Cada ser humano es único. Todos los bebés necesitan madurar y no es sensato esperar una reacción adulta por parte de un pequeñito. Estas afirmaciones te ayudarán como mamá a ser una mujer tranquila que ayude a conservar un ambiente relajado y de aceptación donde tus hijos podrán sentirse seguros para crecer.

✿ ¿Es normal esta familia? ✿

Algunos datos "duros" para que te pongas en contexto. En el 2010, de acuerdo con los resultados del censo que se llevó a cabo en ese año, nueve de cada diez hogares en nuestro país estaba habitado por una familia. Es decir, en este país se pueden contabilizar más de veinte millones de familias y obviamente cada una presenta características que las distinguen. Las hay encabezadas por mujeres, y son muchas: 25% (un aumento de seis puntos desde el censo anterior, cuando eran 19%). En Latinoamérica, los hogares encabezados por mujeres forman más de la mitad del total de las familias; sí: ¡más del 50%! Las hay nucleares, es decir, con uno o dos padres e hijos nada más, que son 64 de cada 100, y también hay familias extendidas que viven juntas: 24 de cada cien. Así que aun dentro de las familias hay muchos modelos. El de mamá + papá + hijos; mamá + hijos; papá + hijos; o abuela + mamá + hijos; también mamá + mamá + hijos; y papá + papá + hijos. No hay "normal", solo situaciones más comunes que otras. Y ahora es normal que tanto la madre como el padre trabajen —sucede en una de cada cuatro familias—, algo que no era la regla hace tan solo una generación. De esta forma te demostramos que lo normal es relativo y cambia de acuerdo con las circunstancias sociales y, sobre todo, con el cambio de paradigmas de los roles masculino y femenino dentro de la familia.

Todos estos cambios en lo que se considera una familia normal nos dejan en la búsqueda de una definición del nuevo "normal". Para no desgastarnos, te decimos de una vez que lo normal es lo que a ti te funcione, se adapte a tu medio ambiente cultural, económico, social y, sobre todo, sea congruente con tu estilo de vida, tus valores y tu personalidad. Si no, vivirás un desgaste enorme en el intento de encajar en un molde que a lo mejor ni te gusta, pero crees que es la fórmula ideal para criar a tus pequeños.

Cada tres años, una organización internacional realiza una Encuesta Mundial de Valores. En los últimos resultados, que agregan las respuestas de las sesiones realizadas en 1990, 1996 y 2000 en México, reflejó que 71% de los padres mexicanos deben hacer lo que es mejor para sus hijos. Obvio, ¿no? Que sea lo mejor para estos pequeños de paso por nuestra existencia es como el ideal básico de cualquier padre. Pero volvemos a lo mismo: lo mejor no es siempre —o casi nunca— lo normal. Cada familia enfrenta situaciones muy distintas y debe crear las soluciones congruentes con sus valores. Todas las mamás que conozco comparten conmigo la conciencia de que el Universo nos confió a unos seres pequeños, vulnerables y amorosos. Esta conciencia se materializa en el amor y en las mejores intenciones de hacer lo que esté en nuestras manos para darles la mejor infancia posible. Lo malo es que la rutina diaria y las ganas de que se laven los dientes a veces nos distraen de este objetivo.

Para los psicólogos hay ciertas características que les permiten saber si una familia funciona dentro del rango que puede considerarse normal o, mejor dicho, con salud emocional o funcional. Lo que observan es si los miembros se apoyan, se quieren y se cuidan entre ellos; si tienen un sentido de pertenencia, una comunicación fluida y si cada uno se siente valorado, importante y respetado dentro de la familia. En esencia, un niño es transparente y es posible saber de inmediato si es feliz. Además de educar, tu objetivo como mamá es que tu hijo se sienta feliz, tenga la sonrisa fácil, se asombre de inmediato ante las cosas que le llaman la atención, te las platique y lo notes tranquilo.

¿Soy una mamá normal?

Yo, Lu, amo practicar montañismo. Cuando salgo a la alta montaña, el traje incluye botas rígidas, crampones —puntas afiladas en la suela de las botas para caminar en el hielo y la nieve—, un piolet, que parece un arma asesina, y ropa muy abrigada. No es nada glamoroso y pueden pasar días sin que me bañe. El adolescente que tengo en casa afirma (con una sonrisa irónica): "Tú no eres una mamá normal". Lo que quiere decir es que soy una mamá que hace cosas que otras mamás no hacen y en la adolescencia, cuando es tan importante para los muchachos la opinión de sus pares, eso los pone nerviosos.

Para ser una buena mamá, te invitamos a dejar de lado la búsqueda de la normalidad. Mejor hagamos un ejercicio para detectar cuáles son nuestros valores como seres humanos. ¿Qué cualidades quieres que tus hijos posean cuando crezcan? Estudio tras estudio de psicología, sociología y neurología demuestran que las cualidades se desarrollan a través del ejercicio cotidiano. "La palabra empuja pero el ejemplo arrastra", dice el refrán.

En las hojas al final de este capítulo escribe una lista de cinco cualidades que esperas que tu hijo desarrolle. Por ejemplo, amor por aprender, solidaridad, empatía, sociabilidad, honestidad, optimismo, tolerancia a la frustración, buenos modales, etcétera. Lo que sea importante para ti. Esos son tus valores.

¿Los practicas día a día? ¿De qué forma se los transmites? Ahora escribe dos o tres ideas de cómo enseñar a tus hijos esas cualidades, a través de vivirlas y hacerlas tú día con día. Por ejemplo, para enseñar tolerancia a la frustración, muéstrales cómo mantienes la calma y tratas de encontrar diferentes soluciones cuando no te atienden con rapidez en el súper o en el banco, en lugar de reclamar, salir enojada o llorar.

Para tu hijo, reaccionar así será lo normal. Será una conducta que adoptará desde su más tierna infancia y será parte de su forma de relacionarse con el mundo y superar los tropiezos que se dan en la vida de cualquier persona de manera natural.

La hija de nuestra amiga, que comió hasta los diez años de edad en una mesa de juguete, creció para ser estudiante con honores en la Universidad de California en San Diego; los de las brochetitas comen de todo, miden casi dos metros y juegan futbol americano ahora que están en la prepa. Y el de Lu, con todo y su "r" afrancesada, tiene la autoestima bien parada de quien es el tercero y se cría solo. Todos muy normales.

¿Cuán baja es una autoestima baja?

La mayor parte de la gente tiene una buena base de autoestima; es decir, su canoa es estable. Es perfectamente normal que tengas días en los cuales te sientas mucho más segura de ti misma y eso se relaciona con factores muy variados, como tu ciclo hormonal —casi todas las mujeres se sienten más seguras en las semanas de la ovulación—, y días en los que te sientes "baja", causados por estados emocionales como la depresión o por la retroalimentación que recibes de otros: si te hacen halagos, si reconocen tu trabajo o no. Eso influye en las variaciones de autoestima que puedas sentir. Existe una serie de señales que pueden indicar que tu autoestima está más baja de lo normal y sería bueno consultar a un psicólogo, consejero o médico para que con su ayuda puedas seguir cultivando tu autoestima.

Cuando te identificas con las siguientes características como una constante en tu personalidad es bueno que busques asesoría, pues son señales de baja autoestima de acuerdo con la psicóloga Marilyn J. Sorensen, experta en el tema:

* Portarte muy dependiente o muy necesitada. Si te sientes insegura casi todo el tiempo y buscas que otros te recuerden con frecuencia que te aprecian.
* Muchas de tus relaciones son complicadas y hasta caóticas.
* Te cuesta mucho trabajo recibir críticas constructivas; constantemente te pones a la defensiva.
* Padeces algún desorden alimenticio, como comer compulsivamente, anorexia o bulimia.

❋ Te da miedo actuar, tomar decisiones o confrontar a otros.
❋ No sabes poner límites.
❋ Te es difícil hablar de lo que sientes.
❋ Te saboteas; es decir, haces cosas o tomas decisiones que sabes que no te convienen.
❋ Puedes ser promiscua o no estar interesada en el sexo.

❧ *Cultiva tu autoestima* ❧

Como has podido concluir de leer estas páginas, la autoestima puede aumentar si cada día te dedicas un poco a cuidarla. Es muy importante que tengas muy claro que no va a fortalecerse si tratas de mejorarla con frases fáciles, con hábitos de dientes para afuera o en los que no eres constante. Para que en verdad trabajes tu autoestima y no te quedes en un nivel superficial debes enfrentar algunos demonios, darte el espacio para reconocer lo que no te gusta de ti y seguir con constancia una estrategia que te ayude a corregirlo. No te desanimes porque tampoco es un trabajo difícil y, una vez que estás en ese camino, cada día resulta más fácil. Además, como es la ruta congruente con tu espíritu, es un proceso que querrás realizar, aunque a ratos resulte doloroso, porque tu corazón sabe que es lo mejor.

Los psicólogos han desarrollado diferentes métodos para aumentar la autoestima. Recuerda que existen distintas escuelas de psicología. Ahora te hablaremos de la psicología conductual. Esta considera que la forma como las personas nos comportamos es resultado de nuestras experiencias. Es decir, somos capaces de aprender a ser de una forma más congruente con nuestra esencia y que nos permita ser más felices.

A continuación te proponemos cuatro ejercicios que te permitirán llegar más rápido a una autoestima sana. Recuerda que es aquella en la cual te aceptas tal como eres y tienes confianza en alcanzar tus metas y mejorar tus áreas de oportunidad. Cuando tienes una autoimagen positiva no necesitas que otros reconozcan tu valor constantemente ni dudas al tomar una decisión, pues estás conectada contigo misma. La Fundación Dove para la Autoestima tiene cursos y seminarios muy útiles en su sitio electrónico. También puedes consultar el libro *Romper las cadenas de la baja autoestima* de la psicóloga Marilyn J. Sorensen, que se vende en línea.

Primer ejercicio: reconoce a tu crítico, ¡y detenlo!
Ubica cuáles situaciones disparan juicios duros en tu mente acerca de cómo te salieron las cosas o que interpretan de forma negativa las reacciones de otros. Pueden ser momentos en el trabajo, con tus suegros, con tus amigas, con las maestras de tus hijos o en situaciones coyunturales como perder el empleo o padecer una enfermedad.

Ahora, observa qué pensamientos pasan por tu mente. No hagas juicios pero date cuenta de cómo te describes a ti misma en ese momento y cómo interpretas la situación. ¿En qué se basan las ideas que te causan inseguridad?

El paso final es aceptar que estos juicios son subjetivos. Puedo asegurarte que, una vez que los observas con desapego, te das cuenta de que casi siempre son generalizaciones ("siempre me pasa..."), conclusiones ilógicas o ideas catastróficas que no vienen al caso porque, si analizas la historia sin emocionarte, verás que eso que, crees, va a pasar, regularmente no sucede.

Segundo ejercicio: reescribe el guión
La psicología conductual afirma que es posible entrenar a nuestra mente para pensar y, por tanto, actuar de forma distinta. Ya identificaste situaciones que pueden minar tu autoestima. Ahora, imagínate en una de ellas y crea una serie de ideas positivas que vas a utilizar para sustituir los patrones anteriores. Es como si reescribieras una escena de una película. Puedes hacerla

de forma que sea más congruente con tu verdadera manera de ser. Ensáyala y repítela en tu mente. Así enseñas a tu cerebro una ruta nueva de pensamiento. Recuerda que cada situación es específica y evita generalizar. No te desesperes si un día te sientes mal, pues tener días así forma parte de ser humana.

Tercer ejercicio: practica la autocompasión

Una vez que sabes cómo cambiar esa voz interior y convertirla en tu amiga, debes entrenarte en la autocompasión. La compasión en nuestra cultura puede estar mal entendida. Muchos creen que quiere decir sentir lástima por otro. Sin embargo, su verdadero significado es la capacidad de ponerse en el lugar de otra persona y sentir empatía por ella. Piensa que si la canoa de una amiga tuya estuviera un poco maltratada, tú harías lo posible para ayudarla a componerla. Cuando alguien que quieres la está pasando mal, ¿qué haces para darle ánimos?

¿No mereces tratarte a ti misma de la misma forma? Eso es la autocompasión. Si te equivocas, recuerda que los errores no son una definición de quién eres. Son momentos aislados que pasan. No te hacen inadecuada.

Borra las palabras "hubiera" y "debiera" de tu vocabulario. Casi siempre quieren decir que esperas demasiado de ti misma o de los demás.

Cuarto ejercicio: logra una meta

Una de las características de las personas con baja autoestima es que empiezan mucho pero terminan poco. Tienden a procrastinar o a desanimarse ante el primer obstáculo en la persecución de su objetivo. Así que para mejorar tu autoestima, ahora te pondrás una meta. Lo importante es fijarte algo que puedas lograr en una semana, que no implique romper tus hábitos ni las rutinas que has establecido, sino que se sume a lo que ya haces. Por ejemplo: elige caminar media hora cada día por seis días; comer una fruta adicional durante una semana. Mala idea en este proceso es elegir dejar de fumar, bajar de peso, ahorrar, etcétera. Tienen que ser objetivos que sumen, no que resten.

Hay un truco en este ejercicio. Según expertos en conducta de la Clínica Mayo de Estados Unidos, es mucho más fácil adoptar un hábito nuevo que romper con uno que tienes mucho tiempo practicando.

Una vez que cumplas la semana podrás ponerte un reto nuevo. Celebra tus logros y recuérdalos. En esos momentos de flaqueza, acuérdate que te lo debes a ti misma. Al final del día, no hay otra forma de enseñar a tus hijos a completar sus objetivos que alcanzar tus metas, para que ellos aprendan con tu ejemplo y constancia.

Cambiar una forma de pensar que tiene mucho tiempo de permanencia es perfectamente posible. No creas que "árbol que crece torcido jamás su rama endereza". La neurología, que estudia al cerebro y ha avanzado tanto durante este siglo, afirma que sí se puede modificar al pensamiento. Es como crear una vereda nueva y luego desviar a los automóviles —los pensamientos— hacia ese camino. Por supuesto, si te distraes, los autos se irán por la supercarretera que ya conocen, pero si estás alerta, cada vez más autos pasarán por el camino que deseas. Mientras más pensamientos encamines hacia una autoestima sana, más rápido se acostumbrará tu cerebro a funcionar así. Tu canoa podrá enfrentar cualquier tormenta y tú te sentirás plena.

Ten claras tus prioridades

Ya comprendiste la metáfora de la canoa y cómo puedes trabajar tu autoestima para mejorar las áreas donde sientes que te hace falta. No podemos repetirlo lo suficiente: si quieres criar hijos con una autoestima saludable, primero debes sanar la tuya. Ellos aprenderán de ti a ponerse retos, a sentirse cómodos dentro de su piel, a crearse las oportunidades que merecen, solo si observan que tú lo haces para ti misma. Recuerda: "la palabra jala pero el ejemplo arrastra". Un niño a quien vives reforzándolo pero que no ve que tú te respetes será un niño confundido o con complejo de emperador.

Un aspecto importante para crear un ambiente familiar que fomente la autoestima es decretar tus prioridades. Las prioridades son aquellas cosas que son más importantes para ti y tu familia. Dice el Dalai Lama que debemos poner más atención en nuestros valores interiores. A partir de esos valores interiores, debes hacer un ejercicio de plan de vida que te permita entender con claridad dónde quieres concentrar tus esfuerzos de formación y desarrollo personal. Esas son tus prioridades e idealmente están basadas en tus valores.

Los valores son los conceptos que consideras importantes para la forma como vives, te relacionas y trabajas. Es muy probable que, a un nivel profundo, tus verdaderos valores sean los que dicten si te sientes satisfecha con tu vida. Por ejemplo, si tener una gran profesión es básico para ti, sería contradictorio que buscaras empleos de medio tiempo o evitaras especializarte. Solo estarías sembrando frustración para tu futuro.

Es muy claro comprender que teniendo los valores, pueden establecerse las prioridades y, de ahí, acomodar la vida de forma que todo esté en congruencia. Lo que a muchas nos pasa en algún momento es que no tenemos muy claros los valores interiores, esos mencionados por el Dalai Lama. Es posible que pasemos mucho tiempo actuando de acuerdo con lo valorado en nuestra sociedad, sobresaturada de información; con los que heredamos de la familia; o con lo que aprendimos en la escuela. A veces, esos valores no corresponden con nuestra esencia.

Al final del capítulo te compartimos un cuestionario que es muy útil para resolver estas preguntas. Lo preparamos con base en diferentes fuentes. Algunas están orientadas al *coaching* de carrera; otras provienen de la psicología y la corriente de autoayuda. Hemos incluido otras preguntas que son parte de ejercicios de meditación. Todas han sido muy útiles en nuestro proceso de crecimiento personal y por eso te las compartimos. Por favor, date el tiempo y la tranquilidad necesarios para responderlas con sinceridad (no hay calificación ni las tiene que revisar nadie más que tú). Mientras más honesta seas, con más rapidez se perfilará en el papel tu ruta de vida, que será evidente para ti desde cómo te sientes. Tu espíritu se entusiasmará al responder este cuestionario porque es una oportunidad para que se manifieste. Es posible que al resolverlo te des cuenta de que algunas situaciones de tu vida no están alineadas con tus valores interiores y tus prioridades. No te desanimes; el objetivo del ejercicio es identificarlas para poder dar pequeños pasos en la dirección correcta para ti. Nosotras practicamos de tiempo en tiempo para afinar la ruta.

Meditación para la autoestima y la aceptación

Para esta meditación deberás tener a mano una fruta, la que quieras. Cargarás la fruta de amor y aceptación y luego, al comerla, llevarás todo eso dentro de ti.

Siéntate en una postura fácil, con las piernas cruzadas y con la mano izquierda estirada frente a ti, sosteniendo la fruta.

Coloca la mano derecha unos centímetros arriba de la fruta. Con ambos brazos estirados, cierra tus ojos.

Centra tu atención en conectar el punto del ombligo con la fruta, como si estuvieras conectando tu fuerza vital o *prana* para llevarla a bendecir la fruta.

Continua así durante nueve minutos.

Después sujeta con las dos manos la fruta, acércala a tu ombligo y continúa respirando largo y profundo por dos minutos más.

Continúa con la fruta sobre tu ombligo, pero ahora inhala lo más profundo posible y ve sacando el aire lo más lento que puedas. Alarga la exhalación al máximo posible. Respira de esta manera durante siete minutos.

Para terminar, inhala profundo, aprieta la fruta contra tu ombligo sin aplastarla y aprieta con tu lengua el paladar superior. Después de unos cuantos segundos exhala y relaja la postura. Ahora cómete la fruta.

✿ ✿ *Descúbrete* ✿ ✿

Aquí te ofrecemos el espacio para aterrizar lo que te llamó la atención o tuvo sentido para ti en este capítulo. Al principio puedes hacer las listas y responder a las preguntas que te hacemos. Al final hay espacio para que escribas lo que vino a tu mente, los "veintes" que te cayeron y hasta las cosas con las que no estás de acuerdo.

1. Escribe una lista con cinco cualidades que, esperas, tu hijo desarrolle:

_____

_____

_____

_____

_____

_____

2. Menciona de qué forma vives tú misma estas cualidades:

_____

_____

_____

_____

_____

_____

_____

_____

_____

_____

_____

_____

3. Escribe dos o tres ideas de formas de enseñar a tus hijos esas cualidades, a través de vivirlas y hacerlas tú día con día:

_____

_____

_____

_____

_____

_____

_____

_____

_____

❧ *Ejercicios para sanar tu autoestima* ❧

Escribe aquí tus impresiones al aplicar algunos de los consejos que compartimos para mejorar tu autoestima.

1. Primer ejercicio: reconoce a tu crítico, ¡y detenlo!

_____

_____

_____

_____

_____

_____

_____

_____

_____

_____

2. Segundo ejercicio: reescribe el guión

_____

_____

_____

_____

_____

_____

_____

_____

_____

3. Tercer ejercicio: practica la autocompasión

4. Cuarto ejercicio: logra una meta

✻ ✹ *Ten claras tus prioridades* ✹ ✻

1. Relata dos anécdotas de tu pasado cuando te sentiste muy feliz. ¿Qué estabas haciendo? ¿Con quién? ¿Qué te hizo tan feliz en ese momento?

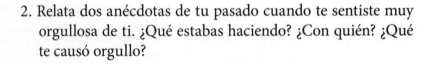

_____

_____

_____

_____

_____

_____

_____

_____

_____

2. Relata dos anécdotas de tu pasado cuando te sentiste muy orgullosa de ti. ¿Qué estabas haciendo? ¿Con quién? ¿Qué te causó orgullo?

_____

_____

_____

_____

_____

_____

_____

_____

3. Describe dos momentos de tu vida cuando te sentiste muy plena y satisfecha. ¿Por qué fueron importantes esas experiencias en tu vida? ¿Cuáles necesidades o deseos satisficiste? ¿Cómo le dieron sentido a tu vida?

4. De la siguiente lista —que es una aproximación, puedes elegir valores o cualidades que no se encuentren en ella— y a partir de de las ideas que obtuviste al responder las preguntas anteriores, destaca los diez valores más afines a ti.

Alegría	Disciplina	Liderazgo
Amabilidad	Discreción	Obediencia
Ambición	Eficiencia	Orden
Amistad	Empatía	Originalidad
Amor	Entusiasmo	Paz
Aprendizaje	Equilibrio	Perseverancia
Autocontrol	Esperanza	Práctica
Armonía	Espontaneidad	Prudencia
Autonomía	Ética	Resiliencia
Caridad	Excelencia	Respeto
Civismo	Éxito profesional	Sacrificio
Compañerismo	Éxito	Sencillez
Compasión	Familia	Serenidad
Competitividad	Fe	Solidaridad
Comprensión	Fortaleza	Templanza
Compromiso	Gratitud	Trabajo en equipo
Comunidad	Honestidad	Tolerancia
Confianza	Humildad	Tradicionalismo
Cortesía	Integridad	Sinceridad
Creatividad	Intuición	Servicio al otro
Curiosidad	Jerarquías	Valor
Dedicación al trabajo	Justicia	Vanguardia
Dignidad	Lealtad	Visión
Dinamismo	Libertad	Vitalidad

5. A partir de la lista de diez valores que elaboraste, compáralos y elige entre ellos hasta que obtengas los tres valores con los que más te identificas. No hay respuesta correcta; lo importante es que no te engañes en cuanto a descubrir lo

que en verdad es valioso para ti porque así te será más fácil establecer tus prioridades. Cuando te cueste trabajo tomar una decisión, repasa tus valores para que te ayuden a ser más clara.

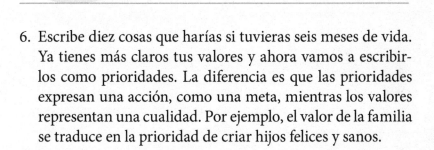

6. Escribe diez cosas que harías si tuvieras seis meses de vida. Ya tienes más claros tus valores y ahora vamos a escribirlos como prioridades. La diferencia es que las prioridades expresan una acción, como una meta, mientras los valores representan una cualidad. Por ejemplo, el valor de la familia se traduce en la prioridad de criar hijos felices y sanos.

7. Por último, escribe cada una de tus prioridades en una tarjetita. De esta forma, podrás moverlas hasta que puedas acomodarlas en el orden que mejor te parezca. ¡Felicidades! ¡Tienes claras tus prioridades! Así podrás tomar decisiones más claras, además de dedicar la mayor parte de tu tiempo a realizar tus actividades de forma congruente con ellas.

Capítulo 3

Bájale al ritmo

Sabemos que tenemos presiones. A veces las exigencias de ser madres, parejas y profesionales se juntan y la situación se vuelve angustiante, pero de alguna manera necesitamos bajarle al ritmo. Es cierto que tenemos la capacidad de llevar a cabo muchas actividades a lo largo del día; sin embargo, a veces puede ser extenuante y tener un efecto nocivo para la salud de nuestro cuerpo y nuestra mente.

Un estudio en el *Journal of Expermiental Psychology: Human Perception and Performance* demostró que tratar de hacer muchas cosas al mismo tiempo, lo que suele conocerse como *multitasking*, tiene efectos negativos y es, de hecho, muy difícil, si no imposible, hacerlo bien. El líder del estudio, David Meyer, un doctor y académico de la Universidad de Pennsylvania, hizo que un grupo de jóvenes pasaran de una tarea a otra con muy poco tiempo intermedio. A grandes rasgos, Meyer concluyó que ser *multitask* en realidad hace a las personas menos eficientes, pues pierden tiempo y la calidad de lo que hacen se reduce. Lo primero que observó es que había un momento en el cual los jóvenes eran improductivos por completo. Luego, que mientras más debían brincar de una tarea a otra, más se estresaban (¿te suena familiar?).

El estrés es una palabra que todas entendemos, una sensación que todas percibimos. Es el aviso de nuestro organismo de que estamos bajo amenaza o, en esta época moderna, bajo presión. El estrés de querer hacer más de lo humanamente posible en un día nos hace sentir mal, desenfocadas, nerviosas y de mal humor. A la larga, está comprobado que hace daño a la salud. Engorda porque el estrés libera cortisol, una hormona que ayuda a nivelar las descargas de adrenalina —otra hormona que nuestro cuerpo produce cuando se siente amenazado o asustado—. El cortisol tiene la cualidad de hacer que se almacene más grasa, sobre todo en la zona abdominal. Una linda herencia de nuestros antepasados de la época de las cavernas. El estrés sube la presión arterial y aumenta el ritmo de la respiración. Eso está bien si se necesita salir corriendo ante una amenaza física inmediata, como un tigre dientes de sable. Pero cuando estas reacciones del organismo son crónicas porque se repiten todos los días, no traen nada bueno: dolor de cabeza o espalda, molestias gastrointestinales, insomnio, depresión, etcétera.

¿Sabes por qué es imposible que hagamos bien muchas cosas al mismo tiempo? Porque solo tenemos un cerebro, que es el director de todas las acciones que podemos realizar con nuestro cuerpo. El cerebro dicta el funcionamiento de casi todo y ahí reside buena parte del misterio de nuestra conciencia y nuestra percepción emocional.

No podemos tener un rato de calidad y escuchar profundamente a nuestro hijo mientras diseñamos el menú de mañana o contestamos un mensaje en el celular porque cualquiera de esas actividades implica usar una zona de nuestro cerebro que no puede dividirse en tres. O hace una cosa o hace la otra. Y entonces, oímos hablar a nuestro chiquito pero en realidad no sabemos qué dijo. ¿Te ha pasado que no sabes dónde dejaste las llaves? Es otro efecto de tratar de hacer muchas cosas al mismo tiempo, nuestra capacidad de memoria reciente se reduce.

Además, el estrés que nosotras tenemos influye en el desarrollo del cerebro de nuestros hijos y en la forma como aprenden a lidiar con las dificultades de la vida diaria. Otro estudio de la Universidad de Auburn encontró que el estrés ambiental, es decir, estar en un medio donde un chiquito o adolescente siente tensión, prisa o impaciencia, no ayuda a que su cerebro se desarrolle de forma óptima. El estudio concluyó que el estrés afecta el desarrollo de los sistemas de reacción de nuestro organismo que regulan la atención.

Funcionamos a partir de conexiones neuronales. Al reaccionar de cierta forma por primera vez, se crea una de estas conexiones llamadas sinapsis. Cada vez que esa reacción se presenta, la sinapsis se refuerza. Llega un momento en que la reacción se vuelve automática, a menos que decidamos crear nuevas conexiones a través de reacciones diferentes. Mediante este proceso aprendemos cosas; pero si dejamos de practicar algo, matemáticas por ejemplo, la sinapsis se debilita y lo olvidamos.

Algo muy parecido sucede con nuestras reacciones: entre más veces nos enfademos o entristezcamos, es más probable que reaccionemos así en el futuro. Muchas personas viven insatisfechas consigo mismas porque inconscientemente se tendieron una trampa de la cual no saben cómo escapar. El proceso puede ser difícil, pero podemos cambiar nuestra manera de apreciar el mundo e impedir que nos afecten cosas que no deberían hacerlo, o no de manera desproporcionada. En el camino, además, ayudaremos a nuestros hijos a establecer conexiones neuronales más saludables que los ayudarán a reaccionar sin emociones explosivas.

❧ Incluye la calma ❧

Es importante aprender a bajarle al ritmo y, de esta forma, reducir las situaciones que nos provocan mayor estrés. Es decir, realizar pequeños cambios que nos permitan lograrlo para así vivir de forma más tranquila y más feliz: más desde nuestro zen.

Mientras no sepamos reducir nuestro propio estrés, las probabilidades de que nuestros hijos lo hagan son mínimas. Somos espejos para los hijos, y más aún para los más pequeños que viven en otro ritmo y otro espacio de tiempo. Si queremos que los niños crezcan en paz, es necesario adaptarnos a sus ritmos y no esperar que sean ellos quienes se adapten a nuestro ritmo acelerado de vida.

Compartimos varias recomendaciones que podemos implementar en nuestra vida diaria y hacer una enorme diferencia en nuestra sensación de calma, y, también de control sobre las situaciones que enfrentamos.

1. Haz una pausa

Hacer una pausa es fundamental en la vida. Entendemos que a veces parece que alguien nos persigue. Saltamos de la cama, medio desayunamos, dejamos a los niños en la escuela, vamos al trabajo, a hacer ejercicio, a la junta o la reunión social, hasta que llega la noche y finalmente nos vamos a dormir, exhaustas.

Y es muy posible que entre una actividad y otra nos olvidemos de hacer una transición, una pausa. Como demuestra el estudio del doctor Meyer, es fundamental darle un respiro a nuestro ritmo acelerado de vida y a nuestro sistema nervioso. Esta pausa prepara a nuestro cerebro para enfocarse en la nueva actividad y nos dispone espiritual y emocionalmente para lo que sigue.

Lo único que debemos hacer es darnos de tres a cinco minutos después de terminar una actividad para simplemente digerirla a nivel físico y emocional.

Si, por ejemplo, tuvimos una reunión con alguien, al terminar realizaremos tres respiraciones profundas y beberemos un poco de agua. Lo más importante es darnos un momento para percibir cómo nos sentimos. ¿Nos elevó la reunión, nos generó felicidad o angustia? Y así podremos cerrar ese momento y continuar adelante. Nuestro sistema nervioso y nuestro espíritu lo agradecerán.

2. Vive el proceso y no el destino final

¿Alguna vez te ocurrió que tenías tanto deseo de conquistar un objetivo y tu mente estaba tan obsesionada con eso que solo pensabas en llegar, en lugar de disfrutar el camino? Como un corredor en una carrera que quizá solo piensa en llegar a la meta antes que los demás y, mientras tanto, olvida disfrutar el paisaje y todo lo que le rodea.

Como montañista, yo, Lu, he aprendido que llegar a la cima no es por sí mismo un triunfo. Por supuesto que causa mucha satisfacción alcanzar el punto más alto de una montaña. Sin embargo, lo más importante tiene lugar lejos de la cumbre y es justo haber vivido lo otro lo que hace que la meta tenga algún significado. Para alcanzar una cumbre, los montañistas debemos aprender de ella. Tenemos que preparar a nuestra mente para vencer todos los momentos de miedo, incertidumbre y cansancio; para soportar la monotonía que a veces implica caminar durante horas en un paisaje completamente blanco. Al mismo tiempo, entrenamos nuestro cuerpo. Debemos desarrollar fuerza, condición física, resistencia y aprender a cargar una mochila pesadísima que, al menos yo, odio casi todo el tiempo. Tenemos que aprender ciertas técnicas para escalar roca o caminar en nieve, por ejemplo.

Después de una preparación larga, por fin nos encontramos en la base de la montaña. El paisaje es espectacular. La naturaleza con todo su poder nos abre las puertas para permitirnos un viaje que es tan físico como espiritual. Paso a paso ascendemos, sumidos entre pinos, rocas, nieve, aire purísimo, unificados con la montaña. Hay lugares muy difíciles de sortear y es ahí donde agradecemos toda la preparación y los planes que hicimos. Hay momentos en que dudamos si lo lograremos, en los cuales sabemos que la realidad que estamos viviendo no corresponde con lo que imaginamos; otros cuando el clima no ayuda; sentimos frío, hambre, cansancio, dolor. Ahí agradecemos lo que hay dentro de la mochila, que nos nutre y reconforta. Poco a poco avanzamos y, si hay suerte y la montaña —el cosmos, la vida— lo permite, llegamos a la cumbre.

¿Tendríamos la misma sensación si un helicóptero o un vehículo 4x4 nos hubiera dejado en la cima? Claro que no. La gran aventura y el logro, los beneficios para nuestro cuerpo y espíritu están en el proceso, en la preparación y en el camino. No en la meta. Así que no te obsesiones con llegar sino con transitar.

Hemos de aprender a disfrutar de los procesos, de los caminos con todos sus baches, avenidas y paisajes; a disfrutar de cada una de nuestras actividades, aunque no sean las que más nos gusten. Es posible que, una vez que logremos disfrutar lo que sí tenemos hoy, se abra el espacio y aparezcan nuevos caminos, nuevas oportunidades; es posible que, cuando aprendamos a dejar nuestras expectativas a un lado, el afán de controlar las cosas para que sean como queremos, la vida nos sorprenda con lo que sigue, con algo nuevo, un nuevo paisaje, otra montaña que ni sabíamos de su existencia.

3. Ajusta tu alimentación

Los alimentos tienen un efecto sobre nuestro cuerpo y sobre nuestra mente. De acuerdo con las tradiciones védicas (una corriente filosófica y religiosa ancestral de la India), existen tres grupos de alimentos: los que nos dan energía (rajásicos), como la cebolla, el jengibre, el chile y el ajo; los que nos dan claridad (sátvicos), que son todos los frutos que crecen fuera de la tierra, como la naranja, el higo o la manzana; y los que nos producen letargo (tamásicos), como lácteos, azúcares refinadas, harinas, embutidos, carnes y alimentos con químicos y conservadores.

Con base en esta sencilla reflexión procuremos elegir alimentos que nos den claridad y energía. El cuerpo requiere ciertos minerales, aceites, vitaminas y proteínas básicos para funcionar. La mayor parte se obtiene de frutas, verduras, hojas verdes, granos, nueces y semillas, y las proteínas de leguminosas y carnes magras. Si por tu ritmo de vida o costumbres no los ingieres en forma suficiente, lógicamente tendrás problemas. Además, el estrés hace que tu cuerpo consuma más nutrientes de lo habitual, como proteínas, vitamina C, potasio, calcio y sodio. Si se suman estos dos factores, es normal que el organismo emita señales de alarma: es como forzar a un motor a andar a más de cien kilómetros por hora durante un largo trayecto sin gasolina suficiente.

Vale la pena vivir la experiencia de comer como te sugerimos y durante una semana darte la oportunidad de preferir los alimentos frescos, como frutas, verduras, maíz, semillas y agua, y evitar los alimentos tamásicos. Notarás que te sentirás más ligera, más vital y con un mejor estado de ánimo. Entonces, en lugar de estar acelerada por el consumo excesivo de azúcar, estarás vital pero más tranquila y lista para responder a las actividades del día a día.

4. Ten un espacio de ocio

En la medida de lo posible, separemos un espacio de ocio en el que no tengamos ningún plan de lo que vamos a hacer. Si usamos agenda, literalmente apuntemos nuestro nombre a determinada hora al menos tres veces por semana. Durante esa hora decidamos si queremos pasear por un parque, disfrutar del sol del atardecer, leer una revista, contemplar el movimiento de las nubes, charlar con algún familiar o amigo. Simplemente destinemos ese tiempo para nosotras, hasta para estar sentadas en el baño sin interrupciones. Tenerlo nos dará la posibilidad de estar más presentes con nuestros hijos y el resto de las personas que nos rodean y de recuperar la paz.

El filósofo chino Lao-Tse dijo en el *Tao Te King*: "Los muros con ventanas y puertas forman una casa, pero es el espacio vacío del interior lo que la hace habitable".[6]

La vida no es las actividades, horarios, expectativas, roles o cosas que tenemos. La vida es precisamente ese espacio que hay ahí, entre todo eso, y si no creamos los momentos para observarla, se queda enterrada y corremos el riesgo de perderla de vista. El espacio de ocio que te sugerimos es una de las oportunidades que puedes crear en tu día a día para reconectarte con la vida, más allá de la prisa o de la sensación de que hay mucho por hacer.

5. Apóyate en las terapias alternativas

A veces necesitamos ayuda para bajarle al ritmo y para esto podemos hacer uso de las terapias naturales y alternativas que existen en el mercado. Desde un masaje hasta terapia floral, aromaterapia, incluso una terapia *spa*, pueden hacer la diferencia para que vivamos la vida más calmadas y felices. Las terapias alternativas son todas aquellas que proponen un método de tratamiento diferente al de la medicina alópata. Dentro de ellas existen cientos de técnicas. Es importante que aclarar que no todas funcionan y no todas están basadas en cimientos confiables o ancestrales. Otro aspecto importante que se debe tomar en cuenta es la seriedad de quien las imparte. No recomendamos usar terapias alternativas como sustituto de un tratamiento para una condición médica diagnosticada, como un trastorno por ansiedad o depresión. En esos casos, nada funciona mejor que seguir un tratamiento comprobado científicamente y complementado con las terapias que te recomendamos.

---

[6] Lao-Tse, "La utilidad de la nada", verso XI del *Tao Te King* (*Libro de la vía y la virtud*).

Después de sugerirte estas precauciones, también queremos hacerte saber que hay muchas terapias alternativas eficaces y útiles. Por ejemplo, está comprobado que los masajes reducen los niveles de cortisol —esa hormona que nos engorda, ¿recuerdas?— y mejoran los de dopamina y serotonina, unos neurotransmisores en nuestro cerebro que nos hacen sentir contentas. La acupuntura se ha practicado por miles de años en China, donde es parte de la medicina que ofrecen los servicios de salud estatales. En México está regulada por la Norma Oficial Mexicana 172 como terapia complementaria. Diferentes tratamientos, como las flores de Bach y la cromoterapia, han reducido ansiedad, depresión, estrés y cansancio crónico y han mejorado la concentración o el sistema inmune, entre otros.

6. Antes de dormir apoya los pies en la pared
Subir los pies y apoyarlos en la pared puede hacer la diferencia entre dormir de forma profunda y realmente descansar o no. Siempre que podamos, ya sea cuando nos sintamos muy cansadas o cuando no podamos dormir, subamos las piernas a noventa grados, apoyémoslas sobre la pared y descansemos cinco minutos en esta postura. La respiración ha de ser suave y profunda para permitir que el oxígeno llegue a todas las partes del cuerpo. Además de relajarnos, al hacer esta postura mejoraremos la circulación del cuerpo en general.

7. Quita lo que te sobra
Nos ha pasado a todas. Volteas a ver un lugar de tu casa, tal vez el clóset o la despensa, ¡y te das cuenta de que es un desorden! Hay cosas que no van ahí, algunas ya caducaron, otras podrían estar mejor acomodadas.

Pues igual sucede con nuestras actividades y hasta con nuestras emociones. Por eso, para bajar el ritmo también tenemos que hacer una limpieza. En su libro *Declutter with Feng Shui, an Easy Guide to Organizing your House,* Julia Green dice que "un ambiente positivo ayuda a encontrar el orden y la disciplina desde la casa. Al organizar tu espacio sistemáticamente... se manifiesta una energía positiva". Es invitar al balance y a la actitud positiva a tu vida.

Pero mientras seguimos sumergidas en la dinámica diaria, es difícil pensar que podemos hacer limpieza de agenda, de pensamientos o de casa. Así que te invitamos a hacer de esta limpieza una prioridad.

a) Asigna veinte minutos al día

En estos minutos vas a ordenar lo que te dé tiempo; por ejemplo, un cajón o una repisa. Primero vas a revisar todo lo que está ahí y a reconocer cómo te sientes con cada objeto. Muchos expertos en organización coinciden en que es muy útil hacerse las siguientes preguntas:

* ¿Me gusta o sigo considerándolo útil?
* ¿Hace cuánto tiempo que no lo uso?
* ¿Es difícil de sustituir si llego a necesitarlo?

A estas preguntas, también nos parece importante agregar: ¿Me pone feliz o aumenta mi energía pensar o ver este objeto? Al responderlas, nos damos una oportunidad de romper con una dinámica que aumenta el desorden y la acumulación innecesaria. Al descartar lo que no usamos, le damos la oportunidad a ese objeto de ser útil para alguien más, y a nosotras y nuestra familia, la oportunidad de estar en un espacio despejado donde fluyamos mejor.

b) Organiza tu agenda

Vamos a aplicar el mismo principio a nuestro tiempo. Aunque no lleves una agenda, tienes muchas actividades cada día. Apúntalas en la hoja destinada para ese propósito al final de este capítulo y asigna el tiempo que te toma cada una. Ahora, divide estas actividades en cuatro categorías: lo urgente, lo necesario, lo importante y lo que sale sobrando. Nuestra meta es eliminar todo lo que sale sobrando. Puedes incluso hacerte las mismas preguntas que te hiciste al organizar tu espacio. Lo necesario son aquellas acciones que debemos hacer: el supermercado, cargar gasolina, transportarnos, acudir al médico, el trabajo (puedes realizar el mismo ejercicio con las actividades laborales), comer y dormir, etcétera. Lo urgente es aquello que debemos realizar de una vez para no tener consecuencias negativas. Lo importante es a lo que deberíamos dedicar mayor tiempo y energía: formar a nuestros hijos, aprender temas que nos apasionen, desarrollar nuestro espíritu o nuestra carrera. Lo importante es todo aquello que cimenta el futuro que deseamos para nosotras, nuestra familia y nuestra sociedad.

En las escuelas de negocios, donde usan una versión similar a esta técnica para tomar decisiones financieras, dicen que uno de los errores más comunes en las empresas es dedicar más tiempo a resolver lo urgente que a realizar lo importante. Lo mismo aplica para nuestra familia. Date más tiempo para lo importante que para lo urgente.

c) Límpiate de lo que otros esperan de ti

No queremos decir que debamos hacer una limpieza mágica pero sí que dediquemos un tiempo a evaluar cuántas relaciones mantenemos y cuántas cosas hacemos a pesar de que nos complican. No se trata de romper o tener un ataque de sinceridad donde digamos a la otra persona que nos hace mal estar con ella o que lo que solicita es excesivo —a menos que sea una relación de abuso o de descarada manipulación—. Es tener la claridad de que para bajar nuestro ritmo también descongestionar nuestra agenda de las cosas que otros esperan de nosotros, sea dinero, presencia, compañía o soluciones. Y debemos lograrlo de forma gradual, siempre con compasión y tacto hacia los demás. Pero sirve, de nuevo, hacernos algunas preguntas y confiar en nuestra intuición, esa sabiduría interior que describimos en el capítulo 2. ¿Cómo nos sentimos después de realizar lo que esa persona nos pide? ¿Lo hacemos de corazón, por compromiso o para satisfacer a nuestro ego? ¿Nos gusta interactuar con ella? ¿Nos llena de energía o nos cansa? ¿Al final estamos contentas con la forma como nos vemos a nosotras mismas a través de los ojos de esa persona?

Los cambios son graduales, son parte del proceso de autoobservación que planteamos en el capítulo 1. Algunos días estaremos muy claras en este proceso y otros estaremos confundidas, asustadas o inseguras. Es normal: nada en nuestra vida es lineal. Todas avanzamos y retrocedemos a veces. Y cuando experimentamos sentimientos que podrían parecer negativos, tenemos que poner especial atención, pues muchas veces son un mensaje de nuestro espíritu que nos invita a conocer algo nuevo sobre nosotras mismas, a romper con alguna situación que no está alineada con nuestro mayor crecimiento interior, sacándonos de nuestra zona de confort.

Al seguir estas tres recomendaciones liberaremos tiempo poco a poco y efectivamente bajaremos el ritmo. ¿Y qué ganaremos? Un objetivo básico para este libro: acercarnos a un estado zen, centrado y con la calma que nos ofrece el hecho de saber que tenemos tiempo para estar con nuestros hijos.

Permitamos el desarrollo natural de nuestros hijos

Así como estar aceleradas por la vida nos hace perder el enfoque y el zen, imaginemos qué ocurre si pasamos esa actitud a nuestros hijos. Muchas veces nos aceleramos al forzar el desarrollo natural de los niños. Nacen y por alguna extraña razón queremos que todo lo aprendan rápido, que sean los quienes caminaron o gatearon antes que los demás, que sean los primeros en dejar los pañales y los primeros en escribir, correr, sumar o restar. Que acudan a un sinfín de actividades por las tardes y se apuren para hacer todo rápido y bien. Al saturar su agenda impedimos el desarrollo adecuado de algunos procesos cerebrales.

¿Dónde está escrito o por qué creemos que nuestros hijos deben saber hacer más o aprender materias escolares a temprana edad?

Una vez más se trata de un condicionamiento social. En Occidente creemos que más es mejor y entre más rápido, mejor. En cambio, en la cultura de Oriente menos es más.

Es sorprendente que los niños de tres años vean películas que incluyen un alto contenido de violencia como *Superman* o *Spiderman*. ¿Por qué queremos exponerlos a ello a tan temprana edad? El maestro indio Siri Singh Sahib Yogi Bhajan recomendó que hasta los siete años los niños han de estar totalmente protegidos y hemos de cuidar que mantengan su inocencia.

No hay que tener prisa. No tiene sentido querer que nuestros hijos hagan algo cuando no están listos todavía o se expongan a lo que aún no pueden digerir y puede ser una huella profunda que se grabará en su conciencia.

Es importante respetar los tiempos y el desarrollo natural de los hijos. En vez de pretender que se desarrollen antes que todos los demás, será muy sabio respetar sus tiempos, desde que gatean hasta que deciden qué carrera profesional estudiar.

Cuando son bebés es importante permitir el desarrollo natural de sus movimientos. A veces queremos que el bebé tome una determinada postura o se ponga de pie prematuramente. De acuerdo con Bonnie Bainbridge Cohen, experta en desarrollo corporal y fundadora de Body-Mind Centering, una técnica que aumenta la conciencia a través del cuerpo y el movimiento, es de vital importancia "permitir que el infante pase por todas las etapas de desarrollo del movimiento. Esto se verá reflejado en su postura e integración corporal durante su vida como adulto. Todo lo que haga un bebé por sí mismo, es correcto".

Muchas veces nos hemos encontrado con papás que pretenden que sus hijos incluso se salten la etapa de gatear con tal de que aprendan a caminar lo más pronto posible. Los toman de las manitas y los fuerzan a caminar cuando sus huesos no están listos para soportar su peso. Cuando un niño está listo para caminar, se pone de pie y camina. No hay necesidad de forzarlos a hacer nada.

Lo mismo pasa cuando dejan de usar el pañal. Si nosotras estamos muy tensas y preocupadas porque el niño tiene que dejar el pañal a la edad que nos señala un libro o cuando alguien más nos indica, estaremos sujetas a tensión y esto simplemente hará más lento y/o frustrante el proceso para nosotras y para ellos.

El neurólogo Jaime Romano Micha, experto en desarrollo infantil, procesos de aprendizaje, toma de decisiones y neurociencias, explica que "sí hay ciertos indicadores que son importantes. Si van relacionados con algunos otros factores, sí se deben considerar como factores de riesgo y requieren de algún tipo de intervención".[7]

Los indicadores que precisa son: un niño debe dar sus primeros pasos alrededor del año de edad, con un rango de +/– dos meses. Las primeras palabras aisladas: "papá", "mamá", "agua", "mira", deben ocurrir también alrededor del año de edad. Un niño al año y seis o siete meses ya debe empezar a formar frases: "dame agua", "vamos a tal cosa", "no sé". Como podemos ver, los rangos son más amplios de lo que otras mamás pueden entender. Si somos madres de un infante y tenemos dudas acerca de si su desarrollo es normal,

---

[7] Entrevista realizada en la ciudad de México, el 12 de junio de 2013.

debemos acudir a un experto para que lo evalúe. Hay muchas terapias y ejercicios que podemos realizar con el nene. Además podremos darnos cuenta de que nuestro hijo avanza a su propio ritmo. Mientras más tiempo pase en una etapa y mejor la domine, mayores conexiones neuronales formará. Sin olvidar que sus logros tienen una relación directa con su autoestima, su confianza en su capacidad para desarrollarse en el mundo, su curiosidad, su atención, su iniciativa y su creatividad para resolver problemas.

No hay que tener prisa. Dejemos que poco a poco el niño siga su propio desarrollo a su tiempo. No lo comparemos jamás con alguien más, ni con el hijo de nuestra hermana ni con el hijo de nuestra mejor amiga, y respetemos sus tiempos y los nuestros. El hecho de haber bajado nuestro ritmo nos crea el tiempo necesario para permitir que nuestro hijo se desarrolle sin presiones y madure en cada etapa de forma óptima.

Los hijos son un trabajo a largo plazo

Las autoras tenemos hijos de diferentes edades. El hijo mayor de Lu tiene 17 años. Ha sido un maestro extraordinario: "Criarlo nunca ha sido fácil pero sí una experiencia fabulosa y una preparación para criar a mis dos hijos menores, que ahora tienen diez y ocho años de edad. Este hijo es muy inteligente y analítico. También es muy impulsivo, poco reflexivo y mucho menos dócil. Se metió durante su infancia en muchos problemas y fue expulsado de dos escuelas".

Estos momentos fueron muy duros para Lu como mamá. "Tuve que enfrentarme con mi ego que estaba frustrado por no tener un hijo 'perfecto', me juzgué con mucha severidad y pensé que había fallado como madre; debí contener la angustia que él sentía y maniobrar en aguas inciertas hasta saber cómo acabaría esa historia".

Y así es con nuestros pequeños en cualquier etapa. No sabemos cómo acabará la historia de su vida porque somos parte de ella y eso complica la capacidad de tomar distancia. Además, la historia terminará mucho tiempo después de que hayamos muerto. Los hijos son un trabajo a largo plazo. No esperemos ver resultados inmediatos de nuestros esfuerzos, sobre todo quienes tenemos hijos pequeños. De repente, un día notamos que los valores, las actitudes y las herramientas que procuramos darles están ahí; que son más fuertes y resilientes de lo que pensábamos como mamás sobreprotectoras; que no nos necesitan tanto y en eso radica nuestro éxito. Al final serán felices en la medida en que nosotras lo seamos durante su crianza. Recordemos, como los montañistas, que el valor de la aventura está en el proceso, no en la meta.

El hijo mayor de Lu tuvo que pasar por esas situaciones difíciles para aprender ciertas lecciones de carácter que ahora lo ayudan a estar bien adaptado a su entorno. Como mamás, tenemos que pasar por esas situaciones para entender que los hijos son capaces de resolver solos sus retos y enfrentarnos a nuestras limitaciones. Nuestro papel como mamás en el zen es el de acompañarlos, observarlos, modificar con amor y luego confiar en ellos y en su maravilloso espíritu para que hagan lo mejor para sí mismos. No podemos llegar a esa sabiduría si no tenemos la calma necesaria. Si no bajamos el ritmo, no podremos estar ahí para sobrellevar con ellos sus penas y retos.

❧ *Meditación para confiar y soltarse* ❧

Esta meditación es muy potente. Te ayudará a liberarte del miedo y el resentimiento y, de ser el caso, a liberar todos los bloqueos mentales que dificultan la llegada de tu bebé. Aumentará tu confianza y te ayudará a soltarte plenamente en la experiencia de ser mamá.

Siéntate bien derecha con las piernas cruzadas. Estira los brazos hacia los lados manteniéndolos paralelos al suelo, con las palmas estiradas y hacia abajo.

Separa los dedos de ambas manos. Une los dedos índice y medio, y los dedos anular y meñique. El pulgar se mantiene relajado.

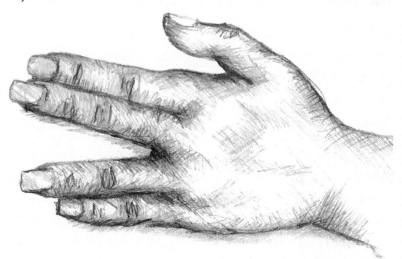

Cierra los ojos y respira tranquilamente durante **siete minutos.**

🌿 *Para terminar* 🌿

Inhala profundamente y retén el aire, estira los brazos y tensa todo el cuerpo. Después de unos segundos exhala, relaja todo el cuerpo y baja los brazos. Repite, las secuencias dos veces más.

🌿 *Descúbrete* 🌿

Aquí te ofrecemos el espacio para aterrizar lo que te llamó la atención o tuvo sentido para ti en este capítulo. Puedes hacer las listas y responder a las preguntas que te hacemos. Al final hay espacio para que escribas lo que vino a tu mente, los "veintes" que te cayeron y hasta las cosas con las que no estás de acuerdo.

Ejercicio 1. Organiza tu agenda
Observa durante una semana tus actividades y las de tu familia. Apunta aquí lo que hiciste de acuerdo con su nivel:

Lo urgente_____

_____

_____

_____

_____

_____

_____

_____

_____

_____

_____

Lo necesario_____

_____

_____

_____

_____

_____

_____

_____

_____

_____

Lo importante_____

_____

_____

_____

_____

_____

_____

_____

_____

_____

_____

_____

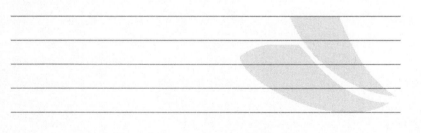

Lo que puedo soltar_____

_____

_____

_____

_____

_____

_____

_____

_____

_____

_____

_____

_____

Ahora, escribe aquí tres actividades que puedes cancelar o dejar de hacer. Puede ser una clase por la tarde que tu hijo no disfruta y a ti te cuesta mucho trabajo pagar o llegar a tiempo. Puede ser una reunión con un grupo de amigas en el cual sientes presión por encajar o por dar cierta imagen. Puede ser una reunión de trabajo que quizá resuelvas mediante un correo electrónico o una llamada.

_____

_____

_____

_____

_____

Recuerda: el tiempo que ganamos es espacio de vida y crecimiento. Si sentimos angustia al ver la agenda vacía o tememos que nos afecte de alguna forma la eliminación de una actividad, aprovechemos ese sentimiento para aprender de él. ¿Qué imaginamos que va a suceder por cancelar? La mayor parte de las veces es nuestro ego el que nos causa esa incertidumbre. Al darnos un momento de reflexión podemos ver que no pasa nada y lo que ganamos es un ritmo que puede sintonizarse mejor con el de nuestros hijos.

Ejercicio 2. *Check up* de relaciones
En estas líneas escribe el nombre de las personas que están en tu vida como amigos, familiares o compañeros de trabajo. A un lado, durante un minuto, escribe qué aportan a tu vida y cómo te ayudan a crecer y ser mejor.

Si no encuentras adjetivos para alguno, retoma el ejercicio en un par de días. Así verás con mayor claridad a quién quieres en tu vida y poco a poco, casi sin darte cuenta, dejarás de estar con quienes no son parte de tu misión espiritual.

Capítulo 4

Herramientas para el equilibrio emocional

Nuestra energía y el equilibrio emocional

La vida nos reserva situaciones contingentes todos los días. Sin importar que nos guste o no, los imprevistos esperan para asaltarnos a cada instante: mientras llevamos a los niños a la escuela, en el trabajo, al entrenar, en la relación con nuestros seres queridos. La cotidianidad es dinámica: en cualquier momento un día normal puede volverse un caos, incluso en espacios tan privados como el hogar o tan reducidos como un vagón del metro. Es necesario equilibrar la energía para disfrutar y resolver los imprevistos.

Con el ritmo de vida actual, tan demandante y poco comprensivo respecto de las necesidades básicas de los seres humanos, es complicado mantener dicho equilibrio. El bienestar emocional y físico, una alimentación nutritiva y suficientes horas de sueño son prioridades avasalladas por la exigencia de trabajar más y mejor, de producir mayores rendimientos en menos tiempo. El resultado: tenemos poca energía porque no buscamos la forma de recargarla todos los días. Si no tenemos tiempo para comer o dormir, mucho menos para hacer ejercicio o meditar sobre nosotras mismas, arriesgamos lo más valioso que tenemos: la salud.

Sin embargo, no tiene que ser así. Podemos tomar la decisión de llevar una vida más sana: comer mejor, organizarnos para hacer ejercicio, estar bien con nosotras mismas. Esto no tiene que ver con el ruido exterior de la vida urbana, sino con repensar nuestras prioridades, algo que pudimos vislumbrar en el capítulo anterior. ¿Vamos a dejarnos llevar por la inercia y perderemos vitalidad o haremos algo para combatir sus efectos negativos?

Tanto la ciencia occidental como la oriental nos ofrecen muchos recursos para recuperar la energía. Los más importantes son la relajación, el sueño y la alimentación.

1. Comer cinco veces al día

La costumbre más generalizada en México es hacer tres comidas diarias: desayuno consistente, comida pesada y cena más o menos ligera. Sin embargo, debido a la forma como el organismo consume la energía, lo ideal es hacer cinco comidas al día en las que se intercalen todos los grupos de alimentos de forma correcta.

Una ventaja de la dieta basada en cinco comidas es que distribuye mejor el aporte de energía. Así, en cada ocasión comemos menos pero lo aprovechamos más. No se trata de comer hasta el hartazgo; esa costumbre es muy satisfactoria en lo inmediato, pero tiene el inconveniente de que al estar demasiado lleno, el estómago requiere mucha energía para procesar los alimentos y por eso sentimos sueño. Otro causante de sueño es comer muchos carbohidratos y azúcares, los cuales causan un pico de insulina en la sangre. La insulina es la hormona que regula a la glucosa, que nos da energía. Si se descompensa nos provoca sueño o antojo de dulce porque no tenemos suficiente glucosa; si se vuelve habitual corremos el riesgo de desarrollar diabetes. En cambio, con cinco comidas más pequeñas nunca se dan los picos de insulina en la sangre, dejamos de sentir hambre excesiva y lo más importante: no volveremos a sentir ese bajón de energía después de comer porque el cuerpo consumirá lo que ingerimos de manera más uniforme.

En principio, debemos consumir una ración de frutas o verduras, de diferentes colores, en cada comida para completar cinco. Puedes ver dos de ellas como colaciones o entrecomidas y añadir a las otras tres cereales y proteínas. Si lo piensas así, es más fácil hacer tiempo para ingerir un plátano, una zanahoria o un sándwich que sacar la lonchera repleta de comida.

2. Aprender a relajarse

Es algo que no se aprende en la escuela, a pesar de que la salud mental y la estabilidad emocional son imprescindibles para los seres humanos. Tratemos la relajación en tres distintos niveles. En lo inmediato, no hagamos corajes ni lloremos por cualquier cosa. ¿Recuerdas lo que platicamos en el capítulo 3 acerca de las conexiones neuronales?

Eliane Fierro, una *coach* ejecutiva, explica que estas conexiones neuronales son como caminos trazados en el cerebro para ir de un lugar a otro. Si con frecuencia reaccionamos de la misma forma, ese camino se vuelve una supercarretera. Al tratar de cambiar esa reacción, empezamos a construir un camino que al principio solo es una brecha de terracería. Obviamente es más fácil y rápido para las sinapsis tomar la supercarretera. Solo con calma y autoobservación podemos pavimentar caminitos nuevos para lograr diferentes formas de reaccionar que sean más sanas y no nos vacíen de energía.

Si eres propensa a la ira, detente un momento. Cuenta hasta diez antes de gritarle a alguien o de provocar una pelea. Si te es posible, pon un poco de distancia de por medio para enfriarte y pensar mejor. Si te "prendiste" mucho, descarga tu adrenalina haciendo ejercicio: corre, rueda, nada, haz pesas o sube y baja las escaleras tantas veces como sea necesario, hasta que salga de ti el afán de violencia.

El cerebro está formado por diferentes secciones. Una de ellas es muy primitiva, herencia de nuestros antepasados, y es completamente automática. Se llama amígdala. La información del medio que llega a nosotros a través de nuestros sentidos pasa por ella y su función es detectar cualquier cosa que parezca una amenaza. Luego organiza la respuesta del cuerpo ante esa amenaza. La cuestión es que manda emociones al cuerpo antes que a la parte racional de nuestro cerebro. Por eso nos tensamos, asustamos o gritamos antes de pensar qué estamos haciendo. En la montaña, cuando un compañero sufre un accidente, por seguridad debemos esperar quince segundos antes de reaccionar. Tras esos segundos iniciales, nuestro cerebro debe revisar nuestro estado y decidir de forma racional si todavía estamos tan asustados que no podremos pensar con claridad. Lo mismo sucede tras cualquier accidente. Un ataque de ira cae en esa categoría. Esa cantidad de segundos es el tiempo promedio que toma a la amenaza pasar de la amígdala a nuestra mente racional. Por eso, cuenta hasta diez, cien o mil. Procuremos no reaccionar de inmediato con enojo o agresión, sobre todo con nuestros hijos. Recuerda: al principio no te va a salir bien. No te frustres, estás abriendo brecha. Al mantenerte clara en esta intención notarás que cada vez explotas menos.

Si nos preocupa un examen, entrevista de trabajo o una prueba similar, escribamos lo que nos inquieta para cuidar nuestra energía. Este gesto tan simple alivia la tensión de forma significativa y nos permite concentrarnos mejor.

Si nos sentimos tristes o enojadas de repente, hay que pensar en las hormonas. Repasemos nuestras lunas, como las explicamos en el capítulo 1. Al entender en qué luna estamos y que es una situación orgánica y pasajera, nos trataremos con mayor compasión y paciencia.

Un segundo nivel de relajación requiere practicar con regularidad respiraciones profundas. Podemos vivir meses sin comer o días sin tomar agua pero sin respirar no sobrevivimos más de unos cuantos minutos. El oxígeno es el motor principal del cuerpo, por lo cual debemos aprender a respirar correctamente para recuperar la energía.

El tercer nivel: más allá de la relajación buscamos la paz, nuestro zen, a través de la meditación. Probemos hacer poco a poco las que te proponemos en cada capítulo. Al final de este puedes anotar cómo te sientes al realizarlas. Es una práctica que se mejora poco a poco y lo recomendable es empezar con cinco minutos.

Claro que hay situaciones en las que, pese a toda nuestra buena disposición, sentiremos enojo, preocupación o tristeza. Son emociones que nos cansan. Es sano reconocerlas, abrirles nuestro corazón para aprender qué nos quieren decir acerca de nosotras o de nuestro ambiente y tratarlas como cualquier otra, sin agregarles una carga negativa por el hecho de sentirlas. No nos juzguemos, somos seres capaces de sentir una amplia gama de emociones y ninguna es buena o mala por sí misma. Lo importante, y lo que nos vuelve sensibles, es la forma como decidimos vivirlas y procesarlas de manera que contribuyan a nuestro aprendizaje emocional. Esta óptica diferente nos llenará de energía.

3. Dormir bien

¿Problemas para dormir? La falta de sueño adecuado es una de las epidemias del siglo XXI, dice el doctor Reyes Haro Valencia, director de la Clínica de Sueño de la Universidad Nacional Autónoma de México. Explica que más del 30% de la población del mundo no duerme como debiera. Desde insomnio hasta falta de horas de sueño, los seres humanos vamos por la vida sin recuperar la energía esencial y sin darle a nuestro organismo y a nuestra mente la oportunidad de repararse y procesar adecuadamente los eventos del día durante el sueño. Para este médico, la falta de sueño causa más accidentes que el alcoholismo o el abuso de sustancias. La calidad de nuestras horas de vigilia está directamente relacionada con la calidad de nuestras horas de sueño. Ni se diga con nuestros hijos. La falta de suficiente sueño está relacionada con déficit de atención, cansancio y funciones cognitivas disminuidas.

¿Cuántas horas son necesarias? Un adulto debe dormir entre 7.5 y nueve horas por noche; los niños, más horas mientras más pequeños son. Los niños en edad escolar y adolescentes deben dormir por lo menos de nueve a diez horas diarias.

Para regular el sueño debemos seguir ciertas recomendaciones que han demostrado ser muy efectivas.

1) Cuidemos lo que cenamos

Probemos cenar naranjas, que son un sedante muy ligero que reduce la ansiedad y disminuye los niveles de la presión arterial. También podemos cenar plátano con leche de arroz o almendras y avena, que contienen triptófanos, precursor, de la serotonina, neurotransmisor que nos relaja. Una taza de espinacas hervidas con un poco de aguacate, un puñado de almendras o avellanas o unas cucharadas de chía también pueden ayudar.

2) A dormir siempre a la misma hora

Es una de las rutinas más importantes para permitir que nuestro reloj biológico se ajuste y cada vez durmamos con más facilidad. Lo mismo con los niños. Un ritual claro antes de dormir nos prepara a nivel mental y físico para descansar.

3) Evitemos ruidos, electrónicos y luces en nuestra recámara y la de los niños

En el dormir, además de la cantidad de sueño, importa la calidad. Hacerlo con ruido, música, televisión encendida o la luz de un despertador pueden afectar sutilmente la calidad del sueño de cualquier persona, al interferir con la segregación de la melatonina, una hormona que nos pone a dormir. Otra nota: los ciclos de nuestro sueño toman noventa minutos, por lo que te invitamos a calcular la hora de despertar en múltiplos de este periodo. Así verás que se te facilita reaccionar y sentirte más despejada.

🌿 *Kit básico de virtudes de la mamá zen* 🌿

Como madres necesitamos salir de la neurosis que nos provoca el tumulto de actividades del día a día y el enorme reto que implica el hecho de ser madre.

Es necesario recordar que, si queremos formar hijos zen, necesitamos empezar por ser zen nosotras como madres. No hay de otra. Nuestros hijos aprenden de nuestro ejemplo, de lo que ven cada día.

Durante nuestra investigación hicimos una pregunta a diferentes mamás de distintos contextos sociales que dieron su opinión respecto del *kit* de virtudes para ser una mamá zen. Te las compartimos a continuación.

🌿 *Kit de virtudes personales* 🌿

1. Paciencia

La ciencia de la paz es la definición de está virtud que es fundamental practicar en nuestro proceso de ser madres. Yogi Bhajan dice: "Cuando pierdes la paciencia, te torturas; cuando te vuelves negativo y pierdes la esperanza, te torturas"

"Existe la ley de la polaridad. Cuando hay una mañana, hay una noche. Cuando hay una noche, habrá un mañana. Ten paciencia, la paciencia paga. Paciencia significa ser firme en tu justicia. Significa sincronizarte contigo misma. Detenerte cuando quieres detenerte. Si no practicas la paciencia, no puedes avanzar en la vida. No quiere decir que tienes que tolerar que alguien te maltrate y esto vaya a traerte consecuencias. Sé claro. La paciencia es un avance metodológico de la propia psique mental."

Nuestra paciencia tiene que ver con lo que proyectamos; es necesario ser constantes, consistentes y para eso se requiere paciencia. La paciencia es un estado de sobriedad, de no reaccionar. Cuando reaccionamos y nos enojamos, nos deprimimos. Por eso es importante hablar con nosotras mismas. Como dice la profesionista, madre y experta en comunicación política Ana Vázquez, "es muy importante tratar de separar nuestras propias presiones y las preocupaciones de la crianza. No es fácil, pues cuando una está súper estresada o enojada o triste, los gritos o travesuras de los niños pueden resultarnos súper molestos. Respirar, contar hasta diez o simplemente salirnos un momento a tomar aire puede ayudar a que no sobrereaccionemos y seamos más consistentes en nuestra forma de educar."

Sabemos que has de pensar que suena muy bien en teoría y que la única manera de transformar la paciencia en un hábito es aprender cómo mantenernos en nuestro centro en el día a día.

Yogi Bhajan propone que, para lograrlo, hemos de practicar hacernos amigas de nuestra alma y propiciar la paciencia. Ser estables, firmes y pacientes para que lleguen a nosotros un millón de cosas porque la Creación está a nuestro favor cuando somos uno mismo y dejamos de correr, de ir de un lado a otro para consolidarnos y concentrarnos en nosotras mismas.

2. Ecuanimidad: estar en nuestro centro

Escuchar las opiniones está bien pero siempre hemos de regresar a casa, establecernos en nosotras mismas y confiar en nuestra intuición y sabiduría interna. Al final siempre sabemos.

Muchas veces nos han enseñado que nuestra felicidad proviene del exterior, de un trabajo o de una pareja que nos quiera. Y a veces vamos por la vida persiguiendo a estas personas, cosas o situaciones que están afuera de nosotros. Y como bien dice Maya Tiwari, "Cuando el ser individual no está en su centro o está fragmentado, deja al proceso inmunológico volátil y vulnerable y esta es la primera causa verdadera de la enfermedad. Cuando reconocemos que la fragmentación es la fuente de toda la enfermedad podemos empezar a beneficiarnos de las prácticas de una vida holística. Aceptarnos a nosotros mismos como somos es la mejor salud de todas".

3. Devoción

No importa la religión que tengamos o si no practicamos ninguna. Lo verdaderamente trascendente es reconocer que somos más que el cuerpo físico que vemos; que hay algo en nosotras espiritual y tenemos una sabiduría interna, un maestro adentro de cada una de nosotras y es ahí donde podemos reposar y en quien debemos que confiar. Yogi Bhajan explica: "Desarrolla una relación con tu alma. Si quieres consultar a alguien, consulta primero con tu alma. Te hablará". Si nos detenemos a escuchar y a reencontrarnos con nuestra intuición, con lo divino en nosotras, encontraremos la verdad y sabremos las respuestas. Y es importante detenernos y darnos tiempo, con disciplina, para desarrollar esta relación con nuestra alma.

4. Autoobservación

Nos gusta mucho la forma como lo explica Soren García Ascott, maestra en terapia familiar y especialista en violencia doméstica, "la autoobservación es un recurso que nos permite reconocer nuestras emociones y, sobre todo, nuestras reacciones, así como las distintas manifestaciones en el cuerpo (calor, aceleración del corazón, cansancio), cualquier señal que nos indique que estamos a punto de perder la paciencia y que podemos hacer o decir cosas que lastimen a nuestros hijos por sentirnos desbordadas o enojadas, y así, con conciencia, explorar opciones que nos ayuden a frenarnos y a recuperar la ecuanimidad y la calma. La maternidad es un reto constante que nos confronta frecuentemente con heridas del pasado y conductas aprendidas. El estar abierta a revisar, reconocer y conciliar esas experiencias que determinan nuestro rol de madres nos da herramientas para reparar nuestras propias heridas en el camino y ser más compasivas y menos exigentes con nosotras mismas, aceptar que muchas veces no seremos las madres que pensábamos ser y que cada crisis es una oportunidad para crecer y reparar con una postura de aceptación y menos exigencia".

5. Saber meditar

A veces estamos en un círculo vicioso donde la mente, a la cual nos gusta llamar "la loca de la casa", parece tomar el control sobre nuestra vida. Y entonces un buen día la mente nos dice: "estoy deprimida"; si le creemos y compramos ese pensamiento negativo, nuestra vida puede volverse una tortura. Debemos aprender a distinguir y reconocer que no somos nuestros pensamientos. Por eso es tan importante aprender a meditar. A veces se piensa que meditar se trata de poner la mente en blanco, cuando en realidad se trata de poner atención, observar como testigos el flujo de los pensamientos y dejarlos pasar. Cuando nos detenemos, nos damos un espacio para nosotras, cerramos los ojos y respiramos, podemos observar el flujo natural de la mente, verlo como un testigo y salirnos de nuestras historias, creencias y melodramas.

Es fundamental aprender a pensar en positivo y dejar de repetir los pensamientos negativos que cada vez nos hacen más infelices. Aunque no nos la creamos, a veces es fundamental darnos cuenta de la negatividad y en ese momento reconocer algo positivo que valga la pena agradecer. La repetición y la respiración nos permiten darnos cuenta de que estamos en otro espacio y de que el pensamiento negativo se ha ido. Debemos aprender a salirnos de los ciclos negativos de la mente.

La meditación se ha practicado desde hace miles de años y existen diferentes técnicas para poder acceder a ella. En algunas se práctica la meditación en silencio o se nos indica poner atención en alguna parte del cuerpo; en otras se nos invita a repetir un mantra. Mantra es un término en sánscrito que significa "enfocar la mente". Es la repetición de una sílaba o una frase durante determinado tiempo que produce una cierta vibración a nivel sutil que afecta nuestra psique. Cuando repetimos una misma frase o palabra durante cierto tiempo, presionamos ciertos puntos del paladar que tienen un efecto sobre la glándula pineal o pituitaria y, por ende, sobre nuestra mente.

6. Ser buen ejemplo para nuestros hijos
Si recordamos la imagen de un bebé, podemos observar que para él todo es lo mismo: el sonido de una ambulancia, el de un pájaro, el de la música, porque vive en un estado de contemplación y de presencia. Esto significa que los bebés y los niños en general son flexibles por naturaleza, viven en un estado de gozo y aceptan la vida tal como es.

Y es aquí cuando entra la reflexión más importante: nuestros hijos se nutren de lo que viven y ven en el día a día. Los niños imitan nuestras actitudes y lo que ven que sucede en su medio ambiente. En la actualidad hay más bebés y niños que sufren estrés porque es el estilo de vida que viven y ven en su entorno. Esto quiere decir que en muchas ocasiones nuestros hijos abandonan el estado de armonía cuando nosotros o su medio ambiente viven fuera de dicho estado de armonía.

Nuestros hijos suelen ser nuestros mejores maestros. Muchas veces nos sorprenderá que sean ellos quienes nos recuerden que no hicimos nuestra meditación o emitan las mismas frases de enojo que proferimos nosotras cuando nos enojamos.

Los niños imitan nuestras acciones. Si practicamos un deporte o realizamos una postura de yoga, desde pequeños y hasta los adolescentes (aunque quizá lo hagan a escondidas para proteger su ego) empezarán a imitarlo de forma natural.

Cuando nosotras tenemos un estilo de vida saludable y una rutina diaria tranquila sembramos una semilla en la conciencia de nuestros hijos que perdurará para siempre.

7. Organización: una actividad a la vez

Aplicar este principio en nuestra vida cotidiana puede marcar un antes y un después. Si estás trabajando en la computadora y tu hijo quiere que juegues con él, avísale con anticipación que vas a trabajar por determinado tiempo. Como un día nos sugirió la terapeuta Carolina Villalobos, "si tu hijo es pequeño, muéstrale hasta dónde tiene que llegar la manecilla del reloj; en ese momento cierra tu computadora y dale tiempo de calidad a tu hijo". Y mientras trabajas, olvídate de hacer otras cosas que te distraigan. Recuerda: una cosa a la vez.

8. Sonreír

La sonrisa es fundamental. Nos abre puertas y, sobre todo, nos transforma el estado de ánimo. Haz un ejercicio: cuenta tres minutos en tu alarma e intencionalmente contrae las comisuras de tus labios hacia las orejas. Permanece sintiendo el efecto que esto produce en tu mente y en tu estado de ánimo.

9. Serenidad

En una clase que impartió en 1974, Siri Singh Sahib Yogi Bhajan habló sobre el origen de los tres enojos. Los tres enojos surgen por las siguientes causas:

1) Hereditarias
2) De la infancia
3) De la circunstancia del presente (cuando no tenemos lo que quisiéramos tener)

Según la tradición yóguica, enfermedades como cáncer, herpes, eczema y compulsión a la prostitución (coquetear) se derivan de alguno de estos enojos, explicó el maestro.

Cuenta la historia que el Buda, entonces conocido como Bodhisattva, tomó la determinación de mantenerse inmóvil debajo del árbol Bodhi hasta experimentar el estado de iluminación. Sin embargo, Mara, una figura mítica dentro del budismo que representa a "la destructora de la virtud", al observar la intención del Buda, se dedicó a presentarle una serie de retos para sacarlo de su estado de serenidad, desde cuestionarlo internamente hasta propiciarle todo tipo de calamidades climáticas. Sin embargo, el Buda mantuvo su determinación de mantenerse sereno.

¿Cómo podemos ser capaces de observar el enojo, de purificarlo en lugar de seguir permitiendo que nos guíe y nos dicte cómo reaccionar a la menor provocación? ¿Cómo no enojarnos con nuestros hijos o pareja cuando hacen tal o cual cosa?

En el yoga, uno de los *Niyamas*, (observancias sociales), específicamente *Ishvara Pranidhana*, habla de la importancia de ofrecer nuestras acciones a la divinidad, lo cual puede traducirse como el hecho de aceptar la vida tal y como es porque siempre habrá una u otra situación que nos rete. Lo que aprendemos de este *Niyama* es a tener una intención clara sobre lo que hacemos y ofrecerla de esta forma, quizá bajo el entendimiento básico de la ley del karma: si hacemos sufrir al otro, en algún momento sufriremos; si el otro hace sufrir a otros, en algún momento sufrir-á. De esta forma podemos liberarnos. Si en ocasiones sentimos que alguien o algo nos agrede, y somos capaces de reconocer la ley del karma, podemos aprender a no tomarnos de forma personal lo que los demás hagan. Luego, si aplicamos el *Niyama* de *Ishvara Pranidhana*, ofrecemos nuestras acciones a algo superior y aceptamos la vida como es porque no sabemos cuál será el fruto de nuestras acciones.

Si reconocemos que podemos poner nuestra mejor intención en lo que hacemos, lo siguiente es poner en práctica el arte de la observación en cada momento de nuestra vida. Ser capaces de observarnos, de observar nuestra mente, de observar nuestras reacciones, nos permite darnos cuenta del momento cuando viene el enojo, ponerle atención, no identificarnos con él, respirar profundo, no seguir alimentándolo y dejarlo ir. ¿Y qué pasará cuando mi reacción se manifieste y quizá me desespere y le grite a alguien? Entonces ahí podemos practicar el arte de la empatía hacia nosotras mismas, de ser capaces de abrazar ese enojo, de ser compasivas con nosotras mismas, y de darnos cuenta de que es una emoción pasajera más, por lo cual es posible dejarla ir y tener, como el Buda, la suficiente determinación para seguir observándonos y practicando en cada momento el arte de la serenidad.

❧ *Kit de virtudes zen para practicar con los otros* ❧

1. Practicar tener relaciones empáticas
Sobre el poder de la empatía, Soren García Ascott dice: "es vital poder escuchar y conectar con las emociones de nuestros hijos. En ocasiones son emociones que no entendemos o que generan en nosotras impaciencia o alguna otra reacción, pero cuando simplemente tratamos de conectar, escuchar y ser empáticas con su malestar, su enojo o su frustración, reconocemos que ellos se sienten mirados, comprendidos, validados y refuerzan que pueden compartir sus emociones sin ser juzgados; se abre un espacio de comunicación y de entendimiento y, por ende, una oportunidad para poder compartir nuestras propias emociones con ellos".

Los *Brahmaviharas* son un punto en común de la filosofía budista y yóguica; son conocidos como las cuatro emociones o actitudes divinas que hemos de cultivar para encontrar la paz en nuestra mente.

Patanjali habla de estas actitudes en el Yoga Sutra 1.33:

maitri karuna mudita upeksanam sukha duhkha punya apun-
ya visayanam bhavanatah cittaprasadanam.

La traducción que hace el yogui T.K.V. Desikachar sobre este Yoga Sutra es la siguiente: "En la vida diaria vemos personas que son más felices que nosotros y otras menos felices. Algunas pueden estar realizando acciones loables y otras causando problemas. Si podemos complacernos con aquellos que son más felices que nosotros, ser compasivos hacia los que son infelices, contentos con aquellos que hacen cosas loables y mantenernos ecuánimes ante los errores de los otros, nuestras mentes permanecerán tranquilas".

Donna Farhi nos explica que es en nuestra forma de relacionarnos con el otro donde nuestra espiritualidad se pondrá a prueba.

Patanjali nos sugiere que cultivemos estas cuatro actitudes en todas nuestras relaciones con el propósito de que se libere la resistencia que tenemos a vernos unidos con la vida.

Los cuatro *Brahmaviharas* son:

1) *Ser amistosos con lo que nos produce gozo.*
   Esta es la más fácil de llevar, pues nos es más sencillo ser amistosas con alguien que nos quiere o nos admira.
2) *Ser compasivos con aquellos que sufren.*
   La compasión es entendida no de forma peyorativa sino como empatía: comprender el dolor del otro.
   Como dice Donna Farhi, desarrollar la empatía involucra romper la división arbitraria entre lo personal y lo universal; cuando estemos sufriendo, imaginar que hay otros que están sufriendo de la misma manera; recordar que no es nuestro sufrimiento sino un sufrimiento universal.

3) *Ver y celebrar las virtudes del otro.*

Este Bramavihara nos invita a practicar el hecho de ver las cualidades y la divinidad en cada persona. Detrás de todos nuestros juicios, ideas, pensamientos y dramas existe nuestra sabiduría infinita y nuestra naturaleza infinita. Cuando en la vida tengamos una relación con una persona y sobresalgan sus fallas e ideas, podemos recordar que detrás de ellas existe su verdadera naturaleza divina.

4) *Permanecer imparcial ante las faltas o imperfecciones del otro.*

Sufrimos cuando no logramos desapegarnos de lo que no podemos cambiar en el otro. Desarrollar la tolerancia hacia los demás es una forma de practicar este precepto. Se basa en el entendimiento de que todo lo que rechazamos en el otro, lo rechazamos esencialmente en nosotros mismos. Eso que odiamos y a lo cual tememos de otro es lo que odiamos y tememos en nosotros.

No importa lo lindas que luzcan nuestras posturas o el tiempo que invirtamos meditando, sino cómo nos comportamos en nuestra vida diaria. Ser disciplinadas en nuestra práctica y en observar cómo nos relacionamos con los demás es el medio para seguir avanzando en nuestro camino espiritual.

2. El principio básico de la no violencia

Ahimsa es un término en sánscrito y el primer principio del yoga. Significa: no violencia. Tiene que ver con aprender a no dañar a ningún otro ser. La mejor forma de enseñar este principio a nuestros niños es empezar por practicar la "no violencia" con nosotros mismos y con los otros.

Si algo existe en este mundo tan atribulado es la violencia. La encontramos en todos lados. Ver las noticias en la actualidad puede ocasionarnos una profunda desesperanza. Los niveles de violencia que estamos viviendo no tienen precedentes. Si aplicamos las enseñanzas del yoga, hoy más que nunca es necesario que cultivemos una conciencia de no violencia. En los versos de los Yoga Sutras, el texto compilado por Patanjali hace miles de años, la no violencia (*Ahimsa*) es la primera observancia (*Yamas*) que se sugiere practicar para eliminar las impurezas de la mente.

En relación con *Ahimsa*, Swami Prabhavananda, autor del libro *How to Know God*, comenta: "debemos vivir de tal modo que no hagamos daño o causemos dolor con nuestros pensamientos, palabras o acciones a ningún otro ser; de cultivar el amor por todos y tratar de ver lo divino en todas las personas; de pensar en nosotros como sirvientes de la humanidad y estar listos para ayudar a todo aquel que nos necesite, siempre y cuando no sea para dañar a otro."

La instructora de yoga Sharon Gannon, en su libro *Yoga & Vegetarianism*, dice: "Gran parte de la violencia que vemos en el mundo está fuera de nuestro control. No podemos cambiar el sufrimiento que ha sucedido en nuestras vidas pero el sufrimiento futuro sí puede ser evitado". Un beneficio que recibimos al no causar sufrimiento a otros es que eventualmente e inevitablemente estaremos libres de sufrimiento. "Como tratas a los otros ahora determina cuánto sufrimiento o gozo experimentarás en el futuro", concluye Gannon.

En la medicina Ayurveda hay una ley que dice: "Similar aumenta similar, todo se cura por fuerzas contrarias". Cada vez que respondemos con violencia a alguien que es violento con nosotros, sea nuestra pareja o nuestro hijo, promovemos más violencia. Quizá esa sea una de las grandes virtudes de un sabio y yogui como Gandhi, quien decidió aplicar las enseñanzas del yoga para buscar la independencia de la India y logró terminar la guerra mediante la promoción de la paz.

❧ *Reflexiones y modos para practicar la no violencia* ❧

* "Baja la voz. Entre más grites tú, más gritará tu hijo", recomendó Cecilia Vivanco, directora de la Escuela Koi Montessori y especialista en educación Montessori.
* Practicar la compasión: verte a ti misma en los demás para así dejar de ocasionarles daño.
* Reconocer que todos los seres desean ser felices.
* La mejor forma de elevar nuestras vidas es cuando podemos elevar la vida de los otros.
* Reconocer que si un padre es violento con su hijo, abre el espacio para que su hijo sea violento con los demás.
* Al escuchar una noticia violenta, en lugar de comentarla con toda la gente a tu alrededor es recomendable cerrar los ojos y emitir un pensamiento de paz alrededor de los involucrados.
* Todas las mañanas al despertar o antes de dormir es propicio cerrar los ojos unos momentos y repetir tres veces el mantra: "Que la paz habite en los corazones de aquellos en los que habita la violencia".
* Cada vez que venga un pensamiento de violencia hacia ti misma o hacia los demás, sustitúyelo por un pensamiento de paz.
* Recordar el dicho que alguna vez dijo el maestro Yogi Bhajan: "Si no vas a hablar bien del otro, mejor no digas nada."

3. Desarrollar la intuición

Hace más de tres mil años fueron los maestros y yoguis de la India quienes hablaron sobre el tema de la intuición. Ellos entendieron el concepto de la intuición como una capacidad de percepción mayor que la que usamos regularmente, que se despierta al equilibrar y estimular el centro energético ubicado en el área del entrecejo (*ajna*). En Occidente, cuando hablamos de la intuición solemos referirnos a la capacidad de usar nuestro "sexto sentido". Guru Dev Singh Khalsa habla de ella como una forma de percepción que ha de estar presente en todo momento de nuestra vida, no como un poder psíquico.

La intuición nos ayuda a identificar el peligro y a no atraer fuerzas negativas a nuestras vidas. Mediante la práctica del yoga y la meditación se desarrolla la intuición, la cual nos permite encontrar el espacio para mantenernos alertas, conscientes y saber lo que es correcto y más acertado para nosotros en cada momento. Es importante aprender a escucharnos y confiar en nuestra sabiduría interna.

Kit básico de respiraciones

La respiración
Es un tema al cual no prestamos mucha atención, quizá porque la damos por hecho. Al ser un proceso que sucede de forma automática, creemos que no debemos hacer nada más con ella.

Sin embargo, respirar de forma adecuada y conocer las diferentes técnicas de respiración son piezas fundamentales para mantenernos saludables.

En un estudio realizado por el doctor Robert Fried se concluyó que con una respiración adecuada podían aliviarse los problemas emocionales, las dificultades de circulación y una serie de enfermedades comunes.

Gurucharan Singh Khalsa, quien ha desarrollado la técnica de Respira Vida, señala que la respiración es la llave maestra para desarrollar y utilizar nuestra vitalidad. Cada célula y parte del cuerpo responden a los movimientos sutiles de cada respiración. En los ritmos y estructura de la respiración está codificado un lenguaje de energía que el sistema nervioso, las glándulas y la mente comprenden.

Tenemos la posibilidad de volver a respirar de forma libre y profunda y revitalizarnos por completo. Donna Farhi explica que podemos recuperar nuestra salud y vitalidad con solo observar el proceso respiratorio cinco minutos al día: "la base de todas las prácticas de respiración yóguica es mantener una respiración estable, rítmica, y aplicar esta habilidad en nuestra vida cotidiana".

El yogui Ramacharaka afirma que "la respiración puede considerarse como la más importante función del cuerpo, porque de ella dependen indudablemente las demás. Los correctos hábitos de respirar nos dan vitalidad e inmunidad contra las enfermedades".

Como dice el compositor Gurucharan: "Cuando respiramos no solo bombeamos aire hacia dentro y hacia fuera de los pulmones, sino desencadenamos cambios en la parte del sistema nervioso autónomo, el cual regula el ritmo cardiaco, la presión sanguínea y afecta al sistema nervioso, glandular y la digestión".

❧ *Respiración consciente correcta* ❧

Tiene tres etapas. Al inhalar se expande el abdomen, luego la cavidad torácica y por último la zona de las clavículas. Se hace una pausa de alrededor de tres segundos y con la exhalación sale el aire de forma invertida a la inhalación. Primero se vacía la zona de las clavículas, luego se contrae la caja torácica y por últimos se vacía el abdomen, hasta que naturalmente el ombligo se dirige hacia la columna vertebral. Se hace una pausa antes de volver a tomar el aire. Yogi Bhajan, fundador del *kundalini yoga*, recomienda que en el lapso de una hora debemos practicar cuando menos tres respiraciones conscientes y profundas para mantenernos saludables y en calma.

❧ *Respiración incorrecta* ❧

A esta respiración se le conoce como "respiración paradójica" y es aquella en la que se expanden los pulmones al tiempo que se reduce la cavidad torácica. Esto produce fatiga y respiración deficiente. Se dice que los adultos utilizamos únicamente 20% de la capacidad de nuestro diafragma.

🪷 *Los diferentes tipos de respiración* 🪷

La respiración profunda yogi

En este método el diafragma es capaz de ejecutar debidamente sus funciones y prestar máximo servicio. Sentada con la espalda recta, inhala con firmeza y llena primero la parte inferior de los pulmones; a continuación llena la región media de los pulmones, levantando el pecho y las costillas superiores; por último llena la parte alta de los pulmones. Contén la respiración algunos segundos y exhala muy despacio, manteniendo el pecho en posición firme. El abdomen se hunde un poco hacia la columna vertebral a medida que el aire sale. Una vez que exhalaste por completo, el pecho y el abdomen se relajan.

Para comprender mejor la respiración es recomendable que apoyes tus manos sobre el abdomen. Es muy importante retener unos segundos el aire después de la inhalación antes de exhalar.

Los beneficios de la respiración profunda:

* Controla nuestra presión arterial
* Mejora el estado de ánimo
* Nos relaja en momentos de crisis
* Nos protege en casos de tensión
* Nos ayuda a controlar el dolor
* Alivia la indigestión y el mareo
* Nos proporciona energía y vitalidad
* Nos ayuda a relajarnos y a combatir el insomnio
* Ideal para erradicar el enojo

Respiración para combatir el cansancio

Swami Ramacharaka sugiere que se practique esta técnica a la que llama "respiración purificadora". Es ideal para reparar el organismo cuando estás muy cansada o abrumada por la fatiga.

Inhala por completo; retén el aire unos cuantos segundos; pon los labios en actitud de silbar (pero sin inflar las mejillas) y exhala con vigor un poco de aire a través de la abertura labial. Después retén un poco el aire almacenado y exhala en cortas proporciones hasta que salga por completo. Debes realizar la exhalación con fuerza.

La respiración para manejar el enojo

Si estamos enojadas y a punto de reaccionar con violencia, la diferencia entre actuar así o no puede radicar en la capacidad para tener un control consciente de nuestra respiración.

Reflexionemos sobre lo siguiente: recordemos alguna ocasión cuando hayamos perdido el control o hayamos estado a punto de hacerlo mientras discutíamos con alguien. ¿Qué fue lo que nos tranquilizó? Hay muchas respuestas. Para muchas será el hecho de que ellas o la persona con quien discutían decidieran poner fin de forma racional a la conversación, o que alguna de las dos personas hubiera decidido marcharse y dejar un espacio para que la situación se asentara.

Dejar un espacio o darse un momento de respiración profunda y consciente es suficiente para ser capaces de controlar emociones como la ira, el enojo, la rabia o la violencia.

La respiración profunda y consciente puede ser nuestra mejor herramienta en el control y manejo del enojo, pero para que podamos hacer uso de ella en un momento de crisis será fundamental que empecemos a practicarla ahora. Si esperamos a practicarla solo en el momento de crisis, lo más seguro es que nos olvidemos de ella y acabemos por reaccionar de una forma no deseada.

Podemos comenzar por practicar la respiración consciente y profunda todos los días, al despertarnos, aún recostadas sobre la espalda. También al menos una vez durante el día y, por último, antes de irnos a dormir. Para cumplirlo es recomendable poner una alarma durante el día que nos recuerde que ha llegado el momento de dejarlo todo y regalarnos al menos tres minutos diarios para respirar de forma consciente.

Respiración antienojo alternativa

Sentada sobre una silla con la espalda recta, pon la boca en forma de "o". Ahora cierra tus ojos y con mucha calma y de forma muy lenta, inhala a través de la boca. Haz una pausa de tres segundos y luego exhala muy despacio por la nariz. Haz otra pausa de tres segundos y prosigue con esta secuencia nueve veces más. Luego respira de forma normal y haz la respiración profunda por tres minutos.

Respiración antidepresión

Siéntate con las piernas cruzadas o sobre una silla con la columna recta, extiende los brazos rectos hacia adelante, paralelos al suelo. Con la mano derecha envuelve la mano izquierda en puño. Las bases de las palmas deben tocarse y los pulgares deben estar unidos y estirados. Enfoca los ojos en los dedos pulgares. Inhala por cinco segundos y, sin retener la respiración, exhala por cinco segundos. Luego mantente sin aire por quince segundos. Continúa el ciclo por siete minutos.

Meditación para el equilibrio emocional
Antes de practicar esta meditación bebe un vaso de agua.

Siéntate bien derecha con las piernas cruzadas. Cruza los brazos frente al pecho y sujeta las manos debajo de las axilas, con las palmas abiertas y firmes sobre el cuerpo. Levanta los hombros hacia los lóbulos de las orejas, de manera ajustada pero sin estrangular los músculos del cuello, y mete un poco el mentón.

Cierra los ojos y permite que tu respiración se vuelva lenta de manera automática. Continúa durante tres minutos. Si decides practicarla a diario durante un tiempo, puedes incrementar gradualmente el tiempo hasta once minutos.

Esta meditación se llama *sunia(n) antar*. Es muy recomendable para las mujeres y esencial cuando estamos preocupadas o molestas y no sabemos qué hacer, o cuando queremos chillar o gritar y no podemos mantenernos en paz.

Descúbrete

Aquí te ofrecemos el espacio para que aterrices lo que te llamó la atención o tuvo sentido para ti en este capítulo. Al principio puedes hacer las listas y responder a las preguntas que te hacemos. Al final hay espacio para que escribas lo que vino a tu mente, los "veintes" que te cayeron y hasta las cosas con las que no estás de acuerdo.

1. Identifica el enojo
¿En qué parte del cuerpo lo sientes?

_____

_____

_____

_____

_____

_____

¿Cómo te das cuenta de que estás enojada?

_____

_____

_____

_____

_____

¿Cómo se siente estar enojada? Haz una lista de las primeras sensaciones que tienes; de esta forma podrás detectar las señales y controlar tus reacciones.

_____

_____

_____

_____

_____

_____

Recuerda la última vez que "explotaste". ¿Qué te hizo reaccionar así?

_____

_____

_____

_____

_____

_____

_____

_____

_____

_____

¿Cómo te gustaría reaccionar en la misma situación?

_____

_____

_____

_____

_____

_____

_____

_____

2. Agradecimiento

Escribe veinte cosas, personas, situaciones y pensamientos de tu vida en este momento que te causen agradecimiento. Vuelve a esta lista cuando te sientas deprimida.

_____

_____

_____

_____

_____

_____

_____

_____

_____

_____

_____

_____

_____

_____

_____

_____

_____

_____

3. La no violencia

Escribe aquí una lista de acciones que podrás hacer con tus hijos para enseñarles a vivir en la no violencia, como visitar centros de culto de diversas religiones, participar en meditaciones por la paz, compartir en la escuela, etcétera.

Capítulo 5

La maternidad como servicio espiritual

El arte de ser madre es enseñarle a los niños el arte de vivir.
ELAINE HEFFNER[8]

El arte de ser madre

Una de las cosas que más puede afectarnos cuando nos convertimos en mamás es que de pronto ya no tenemos tiempo para realizar nuestras actividades cotidianas. Llega el bebé y la vida cambia para siempre. Y por más que tratemos de tener las mismas actividades y tiempo personal, nos damos cuenta de que simplemente es imposible.

De pronto, ya somos mamás. Tenemos al crío llorando y la sensación de no saber qué hacer. Nadie nos da una fórmula precisa que funcione porque cada una de nosotras es diferente. Los consejos que sirvieron a nuestras mamás o a nuestros seres cercanos no necesariamente van a funcionarnos. Cada hijo, cada mamá, cada papá son diferentes y, por ende, tienen necesidades únicas que es preciso reconocer.

[8] Heffner, Eliane, *Successful Mothering: The Emotional Experiences of Motherhood After Freud and Feminism*, Londres, Robson Books Ltd, 1980.

No en balde Sonia Lira, instructora de yoga, nos decía: "Ser madre es el mayor servicio espiritual que existe". Y esto es absolutamente cierto. El *tai-chi*, la meditación o la realización de posturas de yoga en un tapete pierden el sentido que tenían cuando las practicábamos antes de ser madres. Ahora se trata de llevar los valores de esa práctica a la vida diaria, ya que en realidad, en el universo de la maternidad, la espiritualidad se práctica en el día a día con los pequeños que la vida nos dio. Lo mismo si somos mamás de un bebé que de un adulto, nuestras interacciones con ellos son oportunidades de entregarnos en espíritu a su bienestar, además de físico, emocional.

Por eso insistimos en autoobservarnos para darnos cuenta de quiénes somos, cómo reaccionamos, cómo respondemos ante los retos de la vida. Ser madre es el momento de la verdad porque sin importar qué prediquemos, nuestros hijos verán lo que realmente somos. Ser madre es el momento cuando todos los valores, las creencias, los hábitos y forma de ser se verán puestos a prueba de manera cotidiana.

Aquel bebé, ese niño que nos mira con sus ojos puros e inocentes, es materia fresca, como un pedazo de barro que irá formándose por todas las vivencias del día a día; que absorberá como una esponja que recibe agua cada una de nuestras palabras, nuestras conversaciones con los otros, nuestros modos de hablar a los demás, nuestras formas de tratar a los seres que tenemos cerca, nuestras reacciones cuando manejamos, los lugares a los cuales lo exponemos y la gente con la que lo llevamos; los estímulos externos a los que lo sometemos, la música que le ponemos, las palabras y la intención detrás de nuestras palabras.

Nuestra misión como madres es alcanzar plena conciencia de que somos anfitrionas y modelos a seguir, tanto de lo que nos gusta de nosotras mismas como de lo que no. Es momento de autoobservarnos para vivir nuestra vida con gracia y dignidad para forjar seres integrales y equilibrados que irradien luz sobre las nuevas generaciones.

No nos preocupemos si no tenemos tiempo de meditar o hacer todas las actividades que antes hacíamos para nosotras mismas en la misma cantidad y forma. Ser unas mamás presentes, conscientes y observadoras es en sí mismo un trabajo de meditación y una práctica de crecimiento. Si aprendemos a estar plenamente en el momento con nuestros hijos, causaremos un efecto positivo muy profundo en su alma que literalmente mejorará nuestra calidad de vida y la de nuestra familia también. Es importante tener un espacio diario para nosotras, pero seamos conscientes de que al educar con conciencia y amor a nuestros hijos, estamos haciendo el mayor servicio espiritual posible. Aprendimos a despejar nuestra vida para tener el espacio que nos permite darle la oportunidad a esta aventura espiritual de suceder.

🌿 *El arte de estar presente* 🌿

Hay un término en inglés muy apropiado para lo que queremos proponer a continuación: *mindfulness*. Se usa para describir un estado en el cual la persona está centrada, tranquila y completamente presente en el momento que vive. Estar centrada quiere decir que en ese momento no interpreta lo que sucede a través de ninguna emoción ni ningún juicio, sea positivo o negativo; simplemente permite que su cuerpo, su mente y su espíritu estén en sintonía. La tranquilidad se refiere a sentirse libre de presiones, sin necesidad de estar en otro lado ni con prisa por resolver ningún pendiente. En última instancia, estar presente podría parecer obvio, suele considerarse como estar físicamente en el mismo lugar que otra persona; en este caso, nuestro hijo.

Pero queremos estar presentes de una forma mucho más profunda y completa. Esa presencia es *mindfulness*. Se logra de forma natural cuando disfrutamos tanto una actividad que todo nuestro ser fluye en ella, como cuando bailamos, leemos, vemos una buena película o hacemos ejercicio intelectual o físico. Es mucho más difícil de lograr cuando hacemos algo monótono o aburrido, como armar por milésima vez una torrecita de bloques con un chiquito o tratar de que un adolescente nos cuente su noche de parranda y solo recibimos monosílabos por respuesta.

Además de que la tarea nos parece aburrida, somos mujeres del siglo XXI y siempre tenemos miles de actividades o preocupaciones, de manera que nuestro cerebro, por naturaleza, se separará de lo que el cuerpo hace. Como dicen, "nos vamos a la luna" mientras el pequeño encima sus bloques. A veces, nos tardamos tanto en reconectarnos que los hijos ya nos llamaron "ma, mamá, ma" durante varios segundos. Es normal "desconectarnos" de las situaciones, pues nuestra mente está diseñada para pensar sobre muchas cosas diferentes y se distrae con muchos estímulos.

La escritora brasileña Clarice Lispector dice que hay momentos a lo largo de la vida en los cuales tenemos la suerte de sentirnos conectados por completo con otra persona, con el Creador o lo sagrado. Son momentos de revelación que nos permiten crecer en el amor. Los llama instantes de gracia. No son planeados y no corresponden con los grandes hitos de la vida ni a una boda, nacimiento o cumpleaños. Se rigen por un ritmo diferente; el ritmo, sentimos nosotras, de hacerse presente por completo. Un instante de gracia con un hijo es un tesoro que bien puede suceder mientras encima bloques o quiere comentarnos su última aventura nocturna. Para propiciarlos debemos practicar el arte de estar presentes, tener *mindfulness*.

Se trata de "domesticar" a la mente para que no esté inquieta. Los yoguis muchas veces lo definen como si fuera un mono que salta sin parar de una rama a otra. La meta es que ese monito esté tranquilo para que nuestra conciencia pueda estar plena en lo que estamos, que no es un juego aburrido o una charla monótona, sino estar en cuerpo y alma con nuestro hijo. Lo mejor es que para lograr este estado no es necesario dedicarle horas a la meditación ni estar sentados e inmóviles. Te compartimos algunas acciones que te traen al momento presente y que puedes aplicar casi en cualquier circunstancia:

1. Pongamos la atención en las sensaciones de nuestro cuerpo.
2. Inhalemos normalmente por la nariz, sintiendo el aire pasar hacia el abdomen.
3. Exhalemos con suavidad por la boca.
4. Pongamos atención a la sensación de inhalar y exhalar.
5. Sigamos haciendo lo que estamos haciendo, despacio y de forma completamente deliberada. Notemos todo lo que veamos, toquemos o escuchemos para recibir todas las sensaciones.
6. Es normal que la mente empiece a divagar; sin enojarnos ni engancharnos con ningún pensamiento, traigamos nuestra atención de nuevo a las sensaciones del momento.

Esta forma de estar presentes es ideal para escuchar. Muchas mamás nos quejamos de que nuestros hijos no nos escuchan o no nos dicen nada. Sin embargo, para que ellos puedan abrirse, primero nosotras debemos estar en disposición de escuchar. Este es un buen principio.

Al estar presentes con ellos y al estar disponibles para ellos en mente y cuerpo, les damos lo mejor que podemos, aunque sea por poco tiempo. Y seremos capaces de observar qué necesitan de nosotras con mayor claridad, sin el filtro de nuestras emociones, prisa o pensamientos. Como bien dice María de la Luz Lezama, especialista en neurolingüística quien lleva más de quince años trabajando con niños, a ellos hay que darles tiempo de calidad. Y la calidad, como los instantes de gracia, solo se obtiene cuando nos entregamos al momento.

🪷 *El arte de tener tiempo de calidad* 🪷

Lu comparte: "Durante muchos años trabajé en una empresa editorial. Conforme mejoraba en el ámbito profesional, los puestos que asumía demandaban más tiempo y atención. Era un reto importante encontrar la forma de estar con mis hijos, demostrar mi capacidad profesional, entrenar para mi deporte y hacer mi práctica de yoga. Si estaba en el salón de belleza, me sentía mal por no estar con mis hijos; si estaba con ellos, mal por no estar leyendo algún texto inteligente que me hiciera mejor editora; si me quedaba tarde en la oficina, mal por no estar entrenando. Total, nunca quedaba bien ni con ellos ni conmigo. Durante unas vacaciones, mientras caminaba por un malecón con mi hijo más pequeño de la mano, descubrí que llevaba cinco minutos sermoneándolo acerca de algo totalmente superficial y además esperaba de él un comportamiento adulto y no el de un niño de, entonces, cuatro años. Me paré en seco. En lugar de compartir con él unos minutos contemplando el paisaje, de hablar sobre temas agradables y de comunicarle lo mucho que disfruto estar con él, invertí tiempo valioso en hablar como tarabilla de algo que ni a mí me parecía tan importante. ¿Por qué? Porque me permití no estar en el momento, porque dejé que mis inseguridades y juicios me ganaran. El famoso autor y vendedor Dale Carnegie dice: "Cualquier tonto puede criticar, censurar y quejarse, y casi todos los tontos lo hacen. Pero se necesita carácter y dominio de sí mismo para ser comprensivo y capaz de perdonar".[9]

Esa experiencia, más las horas de pláticas con muchas mamás en situaciones similares, nos ayudó a pensar que podemos elegir cómo aprovechar al máximo el tiempo con nuestros hijos. De ahí nació el ejercicio de hacer consciente

---

[9] Carnegie, Dale, *Cómo ganar amigos e influir en las personas*, Argentina, Eleven Biblioteca del Nuevo Tiempo, 1996.

la intención de procurar tener experiencias memorables con ellos; si no instantes de gracia, sí ratos en los cuales podamos mostrarles quiénes somos, qué prioridades tenemos como seres humanos, qué soñamos para el Universo. No son viajes ni odiseas, es hacernos conscientes de que la vida y las circunstancias pueden darnos oportunidades de tener una pequeña aventura, de descubrir algo juntos, y son momentos que no debemos desperdiciar, aunque impliquen romper la rutina o esforzarnos un poco fuera de nuestra zona de confort. Algunas que hemos disfrutado son:

1. Cocinar juntos.
2. Sembrar una planta.
3. Poner listones con algún deseo o intención atados a un árbol.
4. Caminar en el campo, en la playa, en un mercado.
5. Columpiarnos.
6. Visitar un museo.
7. Dejarlos faltar un día a la escuela para irnos a patinar.

Estas experiencias memorables tienen diferente efectos: el primero es crear una historia familiar divertida para ellos; otro es establecer un espacio fuera de la cotidianidad donde convivimos con nuestros hijos con una mentalidad más abierta; el tercero es fomentar su curiosidad y ganas de conocer el mundo. Para las siguientes sugerencias, orientadas a lograr que nuestros hijos se sientan importantes para nosotras, nos basamos en las que hizo la *coach* de crianza Erin Kurt, experta en orientar a papás con mucho trabajo y poco tiempo para estar con sus hijos, en el portal *lifehack.com*:

1. **Tiempo uno a uno.** pasar un rato a solas con uno de nuestros hijos y hacer algo que los dos disfrutemos. Esto es básico para el hijo mayor cuando acaba de recibir al hermanito.

La actividad no es tan importante como el ejercitar nuestra *mindfulness*, estar presentes con él. Si llevamos una agenda para todo lo demás, estos momentos merecen ser agendados también, para que nuestro hijo sepa que el tiempo que destinamos a estar con él es igual de prioritario que otros compromisos.

2. **Incluyamos a nuestro hijo en la rutina diaria.** Es importante para los niños sentirse útiles. Cocinar es una de las mejores oportunidades, pues lo compartimos casi todos los días. Es un espacio de aprendizaje de muchos niveles, además de ser una actividad que podemos compartir con nuestros hijos cuando son niños pequeños, adolescentes y adultos.

3. **Tiempo fantasma.** Si de plano un día no tenemos ni un minuto o estaremos fuera de casa, podemos hacernos presentes con nuestro hijo. Un mensajito en la lonchera, un mensaje de texto si ya usan celular, una carita feliz en sus redes sociales, les permiten saber que pensamos en ellos a pesar de la distancia. El mensajito en la lonchera fue una de las formas favoritas de sentirse queridos de los niños que Erin entrevistó durante sus investigaciones.

4. **Recreo.** Todos estamos ocupados. Pero todos tenemos quince minutos para un recreo en el cual, a pesar del ritmo actual, estemos juntos a gusto. Nuestros hijos disfrutan mucho cuando nos acurrucamos abrazados en el sillón. Cerrar los ojos y sincronizar nuestras respiraciones, de forma natural y sin esfuerzo, hace que hijos y mamás bajemos nuestro ritmo y volvamos a conectarnos en un nivel emocional. Otra ventaja es que, si después de este descanso regresamos a lo que estábamos haciendo, podremos concentrarnos con más facilidad.

5. **Desconecta para conectar.** Habemos cincuenta millones de mexicanos conectados a Internet. Pasamos por lo menos tres horas y media en línea al día.[10] Además, la televisión y el tiem-

---

[10] Datos de *e-marketer* y promedios de diversas fuentes, datos de Google México.

po de traslados pueden reducir mucho el espacio de calidad que tenemos con nuestros hijos. Por eso, también apagamos el celular, la computadora y el televisor cuando queremos tener momentos memorables. En promedio, una persona tarda 25 minutos en volver a conectarse con lo que estaba haciendo después de tener una interrupción tecnológica.

Hoy mismo podemos empezar a poner en práctica estas sugerencias para estar con nuestros hijos, con toda nuestra intención.

🌿 *El arte de la risa* 🌿

A las personas les encanta reír: un adulto promedio ríe 17 veces al día. Un niño de cuatro años, cerca de 400. En torno a la risa se ha construido toda una industria de comediantes, series, películas y obras teatrales; incluso tiene su propia disciplina médica: la gelotología se encarga de estudiar los efectos de la risa en el cuerpo y en la psique.

La risa involucra zonas antiguas del cerebro, como el tálamo y el hipotálamo, que controlan actividades reflejas y puramente emocionales, a diferencia de la corteza cerebral que controla la parte cognitiva. Cuando reímos liberamos cantidades enormes de endorfinas, que son las hormonas del placer y un analgésico natural; también segregamos serotonina, que es un antidepresivo. Además el cortisol, una hormona relacionada con el estrés, disminuye. Por todas estas razones no debería sorprendernos que reír mejore el sistema inmunológico.

Reír es una actividad tan intensa que los expertos consideran que entre 200 y 300 espasmos de risa equivalen a diez minutos de ejercicio. Reír, pues, es básico. Reír con los niños, sobre todo por cultivar con ellos nuestro sentido del humor, los ayuda emocionalmente. "El humor es un componente importante de la salud emocional; es importante para mantener buenas relaciones, desarrollar las funciones cognitivas y, tal vez, incluso para la salud médica", afirmó en un comunicado de prensa el doctor Allan Reiss, director del Centro de Investigación Interdisciplinaria de Ciencias del Cerebro de la Universidad de Stanford. Aseveró también que los niños con buen sentido del humor superan mejor la adolescencia y son más resilientes. La resiliencia es una cualidad que nos permite sobreponernos a situaciones difíciles y traumáticas.

En ese centro de investigación hicieron un estudio en el que escanearon el cerebro de quince niños, de entre seis y doce años de edad, mientras veían videos. Cuando veían los videos chistosos, sus cerebros activaban las áreas que también se activan cuando los adultos ven algo simpático. El humor activa la región relacionada con las recompensas y la que procesa las incongruencias aparentes. En esas incongruencias radica la sorpresa que causa risa a nuestro cerebro.

Reír fortalece los lazos con nuestros hijos porque crea cierta complicidad. Bien aplicada, la risa rompe cualquier tensión y nos permite educar sin regañar ni intimidar.

Además, es un camino espiritual. El rabino Noah Weinberg, un líder religioso que fundó la página de Internet sobre judaísmo *aish.com*, afirmaba que la risa es un camino hacia la sabiduría. Pero no cualquier risa, no reírse por supuesto de otro, a costa de otro o por los problemas de otro. Sus recomendaciones:[11]

1. Usemos la risa para poner nuestros problemas en perspectiva. No son tan malos como parecen. La vida no da problemas, sino oportunidades.

2. La risa dispersa la melancolía, la depresión, el dolor, la preocupación y el enojo. Usémosla como una forma rápida para ponernos a actuar.

---

[11] Weinsberg, Noah, "Way ·21: Laughter is serious business", en *http://www.aish. com/sp/48w/48957381.html.* Consultado el 10 de agosto de 2013.

3. Usemos la risa de forma consciente y adecuada para romper la tensión en nosotras y en los demás. Al reír nos ponemos de mejor ánimo.

4. Los problemas y el sufrimiento nos quitan fuerza. La risa nos relaja y nos llena de energía.

Cuando un pequeño llora con amargura por un leve raspón, podemos decir: "uy, corramos al hospital". Hasta él pensará que es algo exagerado y se reirá. Si un adolescente insiste en salir cuando ya dijimos que no tiene permiso, contamos un chiste. Si una preadolescente no quiere hablar, contamos un chiste. Si estamos pasando por una situación dolorosa, y el tacto lo permite, hacemos notar algo bueno en medio de la pena. Sonreímos y empezamos a aligerar la carga.

El arte de conectar con la naturaleza

Según un estudio de la firma encuestadora Nielsen, para cuando un niño entra al kínder, ha visto cerca de cinco mil, ¡cinco mil!, horas de televisión. Son las mismas horas que lleva estudiar, en promedio, una licenciatura.[12] Y si hace una generación los niños pasaban tres cuartas partes de su tiempo libre afuera, ahora no es ni la cuarta parte. No se trata solo de que pasen más tiempo frente a los medios electrónicos. La pena es que así les quitamos una oportunidad muy importante de desarrollo físico, neurológico, emocional y espiritual. El contacto con el entorno natural es benéfico en muchos niveles: estimula las neuronas, los sentidos se agudizan y los seres humanos empezamos a ajustar nuestro ritmo vital al de la naturaleza.

Se ha confirmado que el hecho de que los niños puedan salir a jugar en recreo, tengan árboles y jardines cerca optimi-

---

[12] McDonough, Patricia, *TV Viewing Among Kids at an Eight-Year High*, The Nielsen Company, 26 de octubre, 2009. En *http://blog. nielsen.com/nielsenwire/media_ entertainment/tv-viewing-among- kids-at-an-eight-year-high/*

za su inteligencia. En 2004, un estudio encontró una relación directa entre la interacción con la naturaleza y la mejora en la capacidad de pensamiento crítico en 400 niños de secundaria.[13] Otros estudios hablan de aumento en sus calificaciones en matemáticas, lectura y capacidad de prestar atención. Una de las razones puede ser que en la naturaleza hay muchas cosas que causan curiosidad, muchas sensaciones que alimentan los sentidos, muchos colores, olores, temperaturas y condiciones que resultan un estímulo positivo para el cerebro de las personas. Jaime Romano, neurólogo mexicano, explica que el cerebro sigue teniendo plasticidad hasta los 17 años; es decir, tenemos casi dos décadas para influir en su maduración, en el tipo de conexiones neuronales que se hacen, en la forma de abordar al mundo y en las habilidades cerebrales que le permitirán generar conocimiento, tomar decisiones, incidir en su entorno y descubrir quién es, qué quiere y cómo es el universo que lo rodea. La calidad final tiene todo que ver con el material con el cual alimentemos a ese cerebro durante estos años. "Si entra basura, sale basura; si entra oro, sale oro", concluye Romano. Un niño o un adolescente atrapado en las redes sociales, los videojuegos y la televisión recibe algunos buenos estímulos, pero muchos más negativos, sobre todo si no hay supervisión de lo que ve. Quizá sea difícil, e incluso indeseable, evitar que nuestros hijos estén expuestos a los medios; sin embargo, el contacto con la naturaleza y el juego al aire libre es un antídoto poderoso.

¿Qué se considera juego afuera? Aprender a andar en bicicleta, en patineta y en patines; correr, brincar la cuerda, jugar "avión", pintar con gis la banqueta, buscar con quiénes jugar a las escondidas, bote pateado o cualquier otro juego tradicional.

---

[13] Ernst, Julie (Athman) y Martha Monroe, *The effects of environment-based education on students' critical thinking skills and disposition toward critical thinking*, 10.4 Environmental Education Research, noviembre de 2004.

Hay que crear las oportunidades de caminar por el campo. México tiene una riqueza impresionante en veredas. Muchas son muy seguras y están muy cerca de las ciudades. Hemos salido a hacer caminatas en Oaxaca, Hidalgo, Morelos y Tlaxcala. Para los niños son viajes inolvidables y para los padres resultan muy económicos. Procuramos ir a pueblitos donde no haya Internet y de preferencia, la electricidad se corte durante la noche. Es maravilloso confirmar cómo, tras unas cuantas horas, grandes y chicos empezamos a "perder presión". La sensación de prisa termina, el humor cambia por completo. El adolescente irritable desaparece y en su lugar queda un joven agradable que lee, platica y hace caso a sus hermanos. Los más pequeños descubren a cada paso algo único: en una gota de agua, al trepar a un árbol, al convivir de cerca con los animales de granja. En lugar del aburrimiento que todos los niños llegan a sentir en casa, aquí nadie se cansa. Todo el tiempo hay algo por descubrir, algo maravilloso, algo que los llena de curiosidad.

La Academia Estadounidense de Pediatría recomienda sesenta minutos de juego al día sin estructura, de preferencia al aire libre, para todos los niños. En nuestras ciudades y con nuestro ritmo de vida ¿en realidad podemos lograrlo? Solo si hemos limpiado nuestra vida de todo lo que sobra, empezando por expectativas y modos de actuar que son socialmente aceptables, pero no contribuyen al mejor desarrollo de los niños ni están alineados con nuestro proyecto espiritual como mamás. Un niño que va de una clase extracurricular a otra no aprende a ser más exitoso: vive un estrés que no corresponde con su edad. El laboratorio de propulsión de jets de Cal Tech, una de las escuelas de ingeniería más prestigiosas del mundo, pregunta en el cuestionario de admisión cuánto tiempo invertía el candidato en el juego cuando era niño. Afirman que han encontrado una relación directa entre el juego físico y las habilidades superiores para resolver problemas.

Salir a la naturaleza, dejar a nuestros hijos jugar sin reglas al aire libre es una forma de fortalecerlos a nivel mental y físico. Es evidente que se utilizan más músculos para brincar, trepar, caminar, correr o pedalear que para estar sentado. Se hacen más fuertes, mejoran su coordinación, aprenden a negociar y trabajar con otros, descubren su creatividad y se llenan de energía. Los niveles de estrés de un niño, joven o adulto se reducen casi de inmediato cuando está en un parque o en el campo.

🌿 *La naturaleza como camino espiritual* 🌿

Hablarles del espíritu o espiritualidad a los hijos no es una misión fácil. En realidad se trata de que puedan tener la experiencia de conectar con la naturaleza. No podemos olvidar que, como dice en sus enseñanzas y conferencias el médico indio Ayurveda Vasant Lad, somos un microcosmos del macrocosmos. Somos y provenimos de la naturaleza. Los mismos elementos que conforman nuestro cuerpo son los que conforman la naturaleza. La escritora Maya Tiwari lo describe de la siguiente manera:

Cada árbol y montaña, las nubes, el riachuelo, reflejan la luz del universo. Cuando observamos la belleza de un riachuelo a la luz del sol o probamos el néctar de un durazno maduro, cuando nuestra piel es acariciada por el viento o nuestras fosas nasales experimentan la fragancia de una flor, estamos teniendo la experiencia de los elementos. La tierra es nuestro cuerpo físico y el agua su fluido; el fuego son los ácidos y las enzimas del cuerpo; el aire es el "prana"[14] y la respiración; el espacio es la vibración de todos los sistemas juntos. Guardamos la memoria de los cinco elementos en nuestro cuerpo físico. La memoria de la tierra se guarda en el corazón; la del agua en los riñones; la memoria del fuego en los intestinos; la memoria del aire en los pulmones; la memoria del espacio es guardada en el cerebro. Cada uno de nosotros contiene una específica configuración de estos elementos.[15]

---

[14] Fuerza vital, según la tradición yogui y Ayurveda.
[15] Tiwari, Maya, *A Life of Balance*, India Book Distributors. Rochester, Vermont, 1995.

Muchas veces no queremos que nuestros hijos caminen con los pies descalzos, pensamos que quizá pueden enfermar; sin embargo, es importante permitir que los niños tengan la experiencia de conectar con la tierra, con este elemento que les proporcionará contención y estabilidad. Siempre que podamos, hay que hacer un espacio para nosotros y nuestros hijos. Realizar un día de campo o, si es posible, salir a acampar a algún lugar seguro. También se puede acampar en un jardín. Ya estando en el lugar seleccionado, podemos caminar con los pies descalzos, regar las plantas, oler la tierra mojada, llevar cubetas y jugar con agua y tierra, construir castillos y figuras. Si hay flores, podemos cortar algunas y llevarlas a casa. En algún momento podemos acostarnos en la tierra y observar el movimiento de las nubes, buscar diferentes formas en las mismas y aprovechar para hacer la meditación con los cinco elementos, tal como la describimos más adelante.

❧ *Meditación de los cinco elementos* ❧

Antes de realizar esta meditación, cada uno debe tener enfrente de su lugar un plato con tres pedazos de fruta. Pueden ser tres gajos de naranja, mamey, mango o la fruta de su preferencia. Esta meditación es ideal para practicarse en casa o en la naturaleza. Pueden hacerla sentados sobre el piso. Uno de los participantes ha de leer pausadamente las instrucciones de la meditación y dejar un espacio de ocho segundos después de cada punto.

Comienza con las piernas cruzadas. Cierra los ojos. Endereza la columna vertebral. Inhala y sube los hombros hacia las orejas. Exhala y relájalos. Repite de nuevo. Inhala y sube los hombros hacia las orejas. Exhala y relájalos. Siente el contacto de tu cuerpo con la tierra. Siente cómo las caderas caen pesadas hacia la tierra. Alarga la cabeza hacia el cielo. Observa tu respiración natural. Observa cada inhalación y cada exhalación. Percibe la temperatura y la sensación del aire cuando toca las fosas nasales en la inhalación. Y ahora en la exhalación. Siente la luz que pasa a través de tus ojos cerrados. Escucha los sonidos, cualquier sonido, sin importar cuál sea. Ahora escucha los sonidos más lejanos. Ahora, con los ojos cerrados, toma un pedazo de la fruta que tienes en tu plato. Antes de comértela huélela, siente la textura de la misma con tus manos. Ahora ponla en tu boca pero no la mastiques. Observa la textura de la misma con tu lengua y siente su sabor. Luego mastícala. Abre los ojos y respira profundo. La meditación ha terminado.

🌿 *El arte de servir al otro* 🌿

El día de ayer me detuve por un momento en el estacionamiento de una casa, mientras un amigo se bajaba del coche. La calle era estrecha y, cuando trataba de maniobrar, me di cuenta de que una mujer que lavaba un auto me daba señas y me auxiliaba para poder salir con facilidad. Confieso que por un momento pasó por mi mente el pensamiento: "no tengo ni un minuto aquí y esta mujer quiere que le dé dinero". Cuando finalmente salí del lugar empecé a buscar una moneda para dársela pero con una sonrisa me dijo: "yo no quería que me diera dinero, solo quería ayudarla para que saliera con mayor facilidad". Y fue en ese momento cuando me di cuenta de que con su acto, la mujer estaba practicando karma yoga, el yoga de servir al otro.[16]

En el yoga hay un camino muy interesante que se llama *karma yoga* y se refiere al "yoga de la acción"; se relaciona con el acto de servir a todos los seres vivientes, con la necesidad de ayudar al mundo y elevar a la humanidad.

---

[16] Domínguez, Ana Paula, *Comunicación personal*, México, apuntes, 2006.

En las tradiciones yóguicas serias parte del aprendizaje del estudiante de yoga es que hagan un servicio, llamado *seva* en sánscrito. No está limitado a ayudar a las personas: se extiende a ayudar a los animales, a las plantas y al planeta en sí mismo. El *karma yoga* es el verdadero espíritu del yoga. Al servir a nuestros hijos cuidándolos con amor, practicamos el *karma yoga* y ellos pueden practicarlo cuando les enseñamos a dar a los demás. Ayudar a poner la mesa, lavar los trastes, hacer algo por el otro sin esperar recompensa son formas como los pequeños pueden aprender este valioso principio yóguico.

Servir al otro es una buena forma de dejar el ego atrás y poder pensar en algo más que en nosotras mismas. Quizá lo más fácil sea dejar al niño con una enfermera, en una guardería o con algún familiar por no dejar nuestras vidas como la vivíamos antes de ser madres, pero servir a nuestros hijos y tener esa intención nos proporcionará la mayor satisfacción espiritual posible. Siri Singh Sahib Yogui Bhajan dice en relación con el servicio: "Nuestro poder es *seva*, el servicio desinteresado. Los que no saben cómo dar nunca recibirán".

La cosa más pura en el mundo es el corazón de una madre; este puede mover el universo. Puede tener un efecto más allá de las limitaciones.

Yogi Bhajan

Algunas sugerencias para practicar *karma yoga*:

1. Dar de comer a otros.
2. Ayudar a alguien que lo necesite.
3. Visitar a los enfermos, leerles un libro o limpiar su casa.
4. Cuidar y atender a nuestra pareja y a nuestros hijos.
5. Ayudar a servir o a limpiar cuando vas a casa de un amigo o familiar.
6. Cualquier ayuda que le des a otro sin esperar recibir algo a cambio.

7. Distribuir libros o enseñanzas espirituales.
8. Cada vez que podamos, preguntarnos: ¿cómo puedo ayudar al otro?
9. Ver al otro como si fuera uno mismo.
10. Regar las plantas o hacer una composta.
11. Participar en una organización ambiental o ecológica.
12. Cualquier servicio voluntario para ayudar a la comunidad.

> Toda práctica espiritual ha de hacerse en beneficio del otro.
> GURU DEV SINGH KHALSA

❧ *Meditación para el poder de la madre* ❧

Siéntate derecha con las piernas cruzadas. Coloca tus manos sobre tus rodillas y junta el dedo índice con el pulgar en cada una de las manos.

Cierra tus ojos y canta Maaaaaaaa ocho veces por cada vez que exhalas. Continúa por tres minutos. Si decides practicarla de manera diaria durante un tiempo, puedes incrementar poco a poco el tiempo hasta llegar a los once minutos.

Para terminar, mantente sentada un poco más mientras expandes luz a través de tu corazón con tranquilidad. Recorre toda tu vida empezando con el primer año y continúa recordando todo.

El sonido del mantra *Maaa* invoca compasión y protección. Es el sonido que un bebé usa para llamar a la madre. Aquí tu alma es el niño y el Universo se convierte en la madre. Si la llamas, ella vendrá para ayudarte y darte consuelo.

🌿 *Descúbrete* 🌿

Aquí te ofrecemos el espacio para que aterrices lo que te llamó la atención o tuvo sentido para ti en este capítulo. Al principio puedes hacer las listas y responder a las preguntas que te hacemos. Al final hay espacio para que escribas lo que vino a tu mente, los "veintes" que te cayeron y hasta las cosas con las que no estás de acuerdo.

1. El arte de estar presente
Observa tu presencia durante tres días. Escribe a continuación en qué situaciones te resultó más fácil hacerlo. Después, empieza a practicar la respiración y los pasos que te recomendamos en este capítulo y escribe aquí cómo te sientes.

2. Prepara una experiencia memorable

Para tener tiempo de calidad y compartir experiencias memorables con tus hijos, te sugerimos hacer un pequeño ejercicio de memoria. ¿Qué recuerdas de tu infancia que quisieras repetir con tu hijo? ¿Es una emoción, un lugar, una situación?

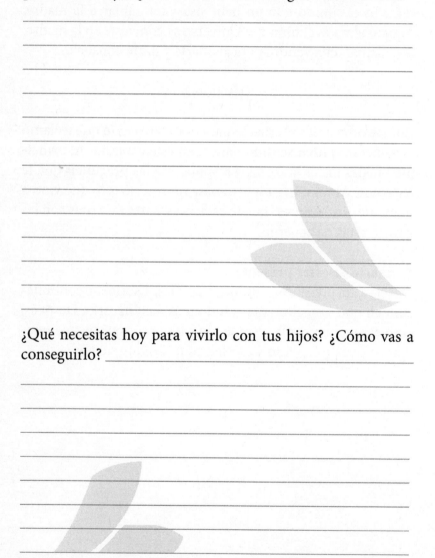

¿Qué necesitas hoy para vivirlo con tus hijos? ¿Cómo vas a conseguirlo? _____

_____

_____

_____

_____

Ahora, pongámosle una fecha: _____

3. En la naturaleza

Recorre tu barrio. ¿Encontraste un parque seguro y agradable para llevar a tus hijos? Apunta aquí una lista de cinco parques a donde puedes llevarlos.

_____

_____

_____

_____

_____

_____

_____

_____

_____

Escribe ahora una lista de cinco lugares en el campo a donde te gustaría llevarlos.

_____

_____

_____

_____

_____

_____

_____

_____

_____

_____

4. El arte de servir a otros

Finalmente, haz una lista de las formas como puedes enseñar a tus hijos a servir a otros con empatía y solidaridad.

a) ¿Qué problema social te preocupa más y cómo podrías apoyar a alguna asociación dedicada a atenderlo?

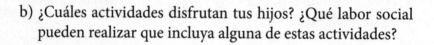

_____

_____

_____

_____

_____

_____

_____

_____

b) ¿Cuáles actividades disfrutan tus hijos? ¿Qué labor social pueden realizar que incluya alguna de estas actividades?

_____

_____

_____

_____

_____

_____

_____

_____

Capítulo 6

Conoce a tu hijo

Uno de los errores que las mamás podemos cometer es no tener suficiente presencia para observar a nuestros hijos. ¿Cuántas veces durante un día común y corriente hacemos una pausa para verlos, estando en el aquí y el ahora? Necesitamos observarlos para conocerlos. Darnos tiempo para saber si son sensibles o muy racionales. Si les gusta el orden o el caos, si son habladores o retraídos. Cada ser que está en nuestro mundo es único. ¿Cómo es único nuestro pequeño? ¿Cómo reacciona cuando juega solo, de qué habla para sí? ¿Le asustan los regaños? ¿Es rebelde o se siente cómodo con las reglas?

No siempre, a lo largo de la vida que compartimos con nuestros hijos, sabemos cuáles son sus colores favoritos, sus bebidas preferidas. Conforme crecen podemos desconocer sus problemas, sus anhelos y sus miedos. Establezcamos el espacio de confianza y aceptación donde nuestros hijos puedan saberse escuchados sin juicio. Así, su alma se abrirá y podrá darse a conocer.

🌿 *El arte de escuchar* 🌿

Para lograrlo, una técnica de *coaching* puede ser muy útil. Se llama escucha activa. Quiere decir escuchar con todo nuestro ser entregado a la acción. Durante esta escucha va a sorprendernos cómo logramos platicar y sentirnos amados, tanto mamás como hijos. Y veremos cambios poderosos en ellos, aun sin haber hecho nosotras más que abrir los oídos y el corazón.

La escucha activa tiene algunos elementos y para volverse experto en ella hay que practicar siempre que se pueda y con todas las personas que nos sea posible. Saber escuchar es uno de los regalos más sanadores que podemos ofrecer a quienes nos rodean.

1. Respiremos naturalmente por dos ciclos, para permitir que nuestro cerebro cambie de una actividad a otra.
2. Alejemos cualquier distractor. No se vale televisión, radio, teléfonos ni computadoras; tampoco podemos estar haciendo otra cosa.
3. Miremos a los ojos a nuestro hijo. Escuchemos con atención lo que nos dice, tanto con palabras como con su lenguaje corporal.
4. Cuando haga una pausa, repitamos en otras palabras lo que nos dijo; podemos empezar con "lo que me quisiste decir es que...". Hagamos preguntas que aclaren lo que expresó. El objetivo de este nivel es entender con claridad lo que nos dijo, sin dejar lugar a malentendidos y sin asumir.
5. Cuando termine de hablar, resistamos el impulso de dar nuestra opinión o nuestra experiencia. Es momento de pasar al segundo nivel de la escucha.
6. Hagamos un pequeño resumen de lo que nos dijo. Si está de acuerdo y se siente comprendido, pueden suceder dos cosas. Si lo que necesitaba era simplemente compartir algo, él terminará la charla y se irá. Si necesita una solu-

ción, se quedará. Podemos entonces preguntarle cómo se siente, qué opina o qué ha pensado hacer.

7. Este es el momento más importante, pues estamos ayudándolo a alcanzar una solución por sí mismo. No interrumpamos más que para parafrasear lo que dijo.

8. Agradezcamos este momento de conexión con él y, solo si nos lo solicita ahora, podemos dar una opinión respetuosa y siempre afirmando que es nuestro punto de vista, con base en nuestras percepciones y opiniones sobre el mundo, pero que él puede tener una visión distinta y es válida.

El temperamento

El psicólogo David Keirsey desarrolló en los años cincuenta una teoría de personalidad y temperamento basada en ciertas clasificaciones que existen desde la época griega y que también usó el psicólogo Carl Jung para desarrollar su trabajo sobre arquetipos. Su teoría se utiliza mucho en el campo laboral y en la educación. Este sistema se usa en el área de recursos humanos de dos terceras partes de las 500 empresas más poderosas del mundo. Pero, ¿qué tiene que ver con nosotras que solo queremos ser mamás?

Muchas de las herramientas que hemos aprendido en nuestras carreras profesionales resultan de gran utilidad con los hijos. Este método para conocer la característica principal del carácter de una persona sirve a los líderes en las empresas para saber motivar, retroalimentar (así se le dice en el mundo empresarial a regañar), hacer equipo y alcanzar objetivos. Con nuestros hijos nos sirve para conocerlos mejor y así comunicarnos con ellos de una forma que ellos entiendan, porque es su estilo de abordar la realidad sin importar su edad o fase de desarrollo.

Keirsey hizo una clasificación en cuatro temperamentos: el guardián, el idealista, el artesano y el racional. Están relacionados con los cuatro humores que describió Galeno en Grecia hace casi dos mil años.[17] Según Galeno, había cuatro diferentes humores o líquidos en el cuerpo; si estaban desequilibrados, el temperamento adquiría las características del humor predominante. Lo ideal era nivelar los humores para tener las mejores cualidades de cada uno.

Los guardianes (melancólico): les gustan las reglas. Pueden ser poéticos. No les gusta el cambio. Les gusta seguir el orden y no inventar nada nuevo.

Los idealistas (colérico): son intensos, independientes y curiosos. No les gusta que les impongan reglas. Tienen muchos principios y se preguntan "¿qué pasaría si...?".

Los artesanos (sanguíneo): son espíritus libres, impulsivos, optimistas, alegres y sociales. Necesitan mucho espacio y libertad. Son espontáneos y flexibles.

Los racionales (flemático): saben motivar, tienen muy buenos argumentos para convencer a los demás. Son simpáticos y tienen mucha imaginación. Son constantes y apacibles. Son apoyo para otros, pero ellos necesitan ser reconocidos con frecuencia.

Los temperamentos se determinan por la manera como cada persona obtiene información del medio ambiente, a través de sus sentidos o su intuición, por la forma como procesa la información, a nivel racional o sentimental. Por supuesto, nadie tiene un solo temperamento y nuestra personalidad se forma a partir de la combinación única de estas características.

Existen en línea varios *tests* que nos ayudan a conocer el temperamento con base en la teoría de Keirsey.[18] Lo que podemos aprovechar respecto de nuestros hijos es considerar que cada temperamento siente y piensa de forma diferente,

---

[17] Keirsey, David, *Por favor compréndeme: temperamento, carácter, inteligencia*, España, Tusquets Editores, 2002.
[18] Te sugerimos acceder a *www.keirsey.com* para obtener el test en línea.

por lo que una mamá observadora de sus hijos sabrá adaptar la forma de hablar con ellos o de pedirles algo respetando su temperamento. Es decir, escuchar y observar antes de hablar.

Es importante respetar que nuestros hijos son diferentes a nosotros y no obligarlos a ser lo que somos o lo que no hicimos y queremos que ellos sean; darles el espacio para ser en plenitud, invitarlos a ser ellos mismos y no lo que los demás esperan que sean. Hay padres que quieren forzarlos a seguir una carrera tecnológica cuando sus hijos son creativos y artistas. En última instancia, queremos hijos felices, libres y realizados con ellos mismos. Demos el espacio para que ellos se manifiesten en su naturaleza. Esto nos liberará también del tema que a continuación expondremos y que suele estar muy presente en nuestra vida cotidiana: el fantasma de la culpa.

❀ *Liberarse de la culpa* ❀

En la cultura judeo-cristiana, la culpa por no ser "la mejor madre posible" es tema de miles de sesiones de terapia, chistes, películas de Woody Allen y hasta tratados en revistas de negocios. Pareciera que para nuestra cultura no es posible calificar como buena madre si no sentimos en algún momento que algo hicimos tan mal que va a traumar a nuestros hijos de por vida.

Nos sumimos en la culpa porque:

* Hay días en que no llevamos una buena relación con los hijos.
* Hay días en que no queremos ser mamás.
* Hay días en que el trabajo es más importante que ellos.
* No pasamos suficiente tiempo con ellos.
* Hay días en que no estamos llenas de amor, compasión y la fuerza ilimitada del Universo.
* Hay días en que entendemos todo mal y reaccionamos fatal con nuestros hijos.

¡Culpa nuestra de todos los días! La culpa es una emoción que podría ser sana en ciertas circunstancias, pero no lo es en la maternidad. Revelamos un hecho categórico: todas las mamás vamos a equivocarnos en algo. A pesar de nuestras mejores intenciones, a pesar de que leamos y releamos este libro, en algún momento enfrentaremos la sensación de estar equivocadas y sentiremos culpa.

"En esta época la culpa se ha inmiscuido en las familias con gran éxito, tanto que el padre como la madre conviven armoniosamente con ella,[19] explica la escritora Rosa Barocio, porque no queremos tener un conflicto o verlos tristes u ocasionarles un trauma. Barocio expone que el origen de la culpa fue cuando descubrimos que nuestras vidas apresuradas no nos permitían atender sus necesidades, cuando nos dimos cuenta de que son nuestra prioridad, pero solo de palabra. Por eso, cuando la culpa nos invade nos impide decir que no y se convierte en enojo.

Ser padre es ocupar un lugar especial en la vida de nuestros hijos, un lugar único. No necesitamos ser perfectos, pero sí tenemos que dar nuestro mejor esfuerzo y lo mejor de nosotras mismas, recomienda Barocio.

La comunicóloga Ana Vázquez señala: "La culpa es un sufrimiento inútil, estéril. Más que preocuparte porque como mamá sientes que no estás cumpliendo a cabalidad con tal o cual estándar, debes preguntarte ¿qué clase de mamá quiero ser? ¿Qué valores son los más importantes para mí y qué quiero transmitir a mis hijos, aun si no puedo estar con ellos todo el día? ¿Qué cambios necesito hacer en nuestra cotidianidad para acercarme más a esta meta, de manera realista, sin exigirme algo que no tengo la capacidad de realizar?".[20]

Soren García Ascott apunta: "Reconocer que no siempre vamos a cubrir todas las demandas o expectativas de nues-

---

[19] Barocio, Rosa, *Disciplina con amor*, México, Editorial Pax, 2004.
[20] Entrevista realizada por Ana Paula Domínguez.

tros hijos o incluso las propias es algo que ayuda a no dejarnos atrapar por la culpa. Cuando hacemos o dejamos de hacer cosas que nos hacen sentir culpables puede ser liberador hablar con nuestros hijos y explicarles lo que sentimos. Pedir disculpas si de alguna manera los lastimamos o descuidamos, explicar lo que sentimos y en ocasiones defender nuestras propias necesidades más allá de sus demandas. Puede ser, además, una oportunidad para conectar, para entender y acomodar ciertas creencias que nos limitan y generan culpa. Y para que ellos aprendan a reconocer nuestras necesidades y a respetarlas".[21]

La culpa es una emoción que podemos resolver. Es a partir de la confianza que podemos dejar de sentirnos culpables. Confiemos en que nuestros hijos nos eligieron como mamás, a nosotras precisamente, porque lo que somos capaces de hacer por ellos y los errores que con seguridad cometeremos son importantes para que ellos puedan crecer emocional y espiritualmente.

¿Cómo calmar esta sensación? Si la culpa es por una acción inmediata, por ejemplo, le gritamos a nuestro hijo y ahora estamos arrepentidas, la clave es recordar la compasión que como mamás merecemos. En lugar de correr a pedir perdón a nuestro hijo y sobrecompensar con consentimiento, es mejor tomar dos minutos de soledad, respirar hasta estar tranquilas y hacer un pequeño ejercicio: ¿cómo nos sentimos cuando nuestro hijo hace X o Y que nos provoca reaccionar de forma exagerada? ¿Hay otra razón por la que estamos especialmente irritables? ¿Qué podemos aprender para mejorar nuestra conciencia y reaccionar con más serenidad? Todas podemos cometer un error, pero al hacerlo consciente podemos aprender de él y reaccionar mejor en la siguiente oportunidad.

Si la culpa tiene que ver con nuestras elecciones de vida, como tener una carrera o separarnos de nuestra pareja (las

---

[21] Entrevista realizada por Ana Paula Domínguez.

dos más comunes), merecemos dejarla atrás de una vez por todas. Podemos hacer las reflexiones al final de este capítulo.

Suzy Welch, una importante conferencista y mujer de negocios de Estados Unidos, creó una regla para tomar decisiones que nos ha resultado muy útil. Es la regla 10-10-10. La pregunta básica es: ¿Cómo me sentiré con esta decisión dentro de 10 minutos, 10 meses y 10 años?

Es muy efectiva para poder distinguir entre lo urgente y lo importante, que ya explicamos en el capítulo 3. También sirve para calmar el estrés un momento y poder tomar decisiones desde la serenidad, como elegir entre ir al examen de karate de uno de nuestros hijos o a una junta de trabajo cuando tienen lugar al mismo tiempo.

Por último, mientras mayor claridad hayamos conseguido a través de nuestra práctica de autoobservación y autoestima, menos culpa sentiremos en la vida diaria porque estaremos conscientes de los motivos subyacentes en nuestras decisiones y acciones. Así nos haremos responsables de ellas, sin culpas ni victimizaciones.

La dualidad

Un aspecto cultural que puede ayudar a que aceptemos sentir culpa es la dualidad entre lo bueno y lo malo, lo positivo y lo negativo. Reconocemos que hay opuestos tanto en la naturaleza como en nuestra personalidad y que una de nuestras tareas de crecimiento interior es nivelar el *ying* y el *yang*. Un riesgo de asumir que esta dualidad rige absolutamente todo es que empecemos a considerarla como la única perspectiva posible.

Cuando estamos en la montaña la dualidad desaparece. Al empezar el camino, casi siempre estamos en un terreno con una inclinación leve. En muchas montañas es también una región llena de vegetación; es decir, caminamos en medio del bosque y los árboles no nos permiten ver el resto del paisaje; a veces ni siquiera la distancia recorrida. Nuestra perspectiva está limitada por el terreno, los árboles y la poca visibilidad. Después, seguimos avanzando y la situación empieza a cambiar. Hay menos árboles y la inclinación aumenta. Vamos ganando altura. Ahora sí podemos empezar a ver el valle debajo de nosotros, el pico, otras montañas, el cielo, los caminos. Seguimos en lo mismo: caminando por una montaña, pero la perspectiva ya es diferente por completo. Quizá, pensando en la dualidad, todavía reflexionamos en este momento en términos de arriba y abajo: otro contraste. Más arriba, cerca de la cumbre, todo cambia porque vemos que montaña, bosque, caminos, valle y cima, todo, es parte del mismo paisaje. Vemos la unidad que más abajo se nos escondía. La perspectiva, ahora sí, es muy diferente. Es unificadora en lugar de dual. Es un tercer punto de vista que no juzga algo como una cosa o su opuesto completo. Desde la altura podemos confirmar que lo que pensábamos que existía aislado de lo demás es, en realidad, parte de una unidad. Nosotras no estamos separadas de nuestros hijos, nuestra mente no es diferente de nuestro espíritu ni de nuestro cuerpo; lo que hacemos bien no es opuesto de lo que hacemos mal. Todo es uno y comprenderlo con el espíritu, permitir que esa conciencia de unidad nos guíe, reduce la culpa y la contradicción que nos abruma.

Herramientas para sanar la sensación de culpa

La vida es lo que es. No hay más. Podemos vivirla convirtiéndola en un drama o tratar de pasarla lo mejor posible. Seguro, siempre hay alguien que está pasándosela mejor y también alguien que está pasándosela peor que nosotras. Siempre hay un lugar donde se miran mejor las estrellas o una casa más linda donde podríamos vivir.

Somos nosotras quienes le ponemos nombre y apellido a las situaciones que nos ocurren día a día; somos nosotras las que etiquetamos y decidimos si algo está bien o no está bien.

Seamos realistas. La realidad es y punto. No es buena ni mala, simplemente es.

Hagamos la intención de soltar las cosas que nos han sucedido y vivir la vida tal como es, sin soñar en el futuro que deseamos tener, sin torturarnos por lo que nos pasó o no nos pasó. Gastamos mucha energía. A veces pensamos que debemos crearnos una vida o dar una vida a nuestros hijos que sea de determinada manera. ¿Por qué? ¿Quién nos hizo creer esto? Lo único que podemos hacer es nuestra mejor intención y realizar lo mejor que podamos con lo que hay. La vida de todos modos es un sube y baja, nos reta constantemente y nos trae cualquier cantidad de sorpresas, unas más gratas que otras. Como dice Kahita Shilo, instructora de meditación y yoga: "Hay que tener cuidado de no repetir los patrones de culpa de nuestros padres. A veces tratamos de ser mejores y resolver los asuntos no resueltos entre nuestra madre y nosotros. A veces tenemos el concepto de tener que ser una mejor madre que la nuestra. Vale la pena aceptar lo que somos". Si aceptamos que "nos enojamos", no hay consecuencia, se convierte en un asunto del momento y no en una preconcepción. Si no hay preconcepción las consecuencias son muy pequeñas.[22]

Aprendamos a disfrutar el proceso y no pensar solo en el punto final; a disfrutarnos en cada etapa de la vida, con todo y las arrugas que van mostrando nuestra sabiduría; a reconectar con nuestra alma, que es lo verdaderamente trascendente; a estar presentes con cada experiencia que la vida nos brinda.

Los antiguos yoguis de la India hablaron sobre este punto y creemos que las siguientes observancias que nos recomiendan

---

[22] Entrevista realizada por Ana Paula Domínguez.

son fundamentales para practicar en nuestra vida de mamás zen y soltar la culpa:

1. El desapego

Practicar el desapego *(aparigraha)* es una de las observancias sociales que proponía el sabio Patanjali, así como soltar el deseo de obtener o ganar bienes materiales. "Ser simples, ya que los bienes materiales distraen la mente. Renunciar es un aspecto integral del estilo de vida yóguico."[23] También se refiere a no cargar con la memoria del dolor del pasado, tal como sugiere Lad.[24]

2. La pureza

Mantener un espacio puro y una mente pura es otra de las observancias importantes para practicar en nuestra vida diaria y que nos ayuda a liberar muchas "telarañas mentales". Darnos el tiempo de sacar todas las cosas que guardamos y no sirven en nuestra casa. En lugar de pensar que necesitamos más espacio, pensemos en que debemos liberar el espacio para acomodar las cosas que sí usamos. Hacer este tipo de limpieza nos dará una increíble claridad para poder enfocarnos en nuestras actividades diarias. También es recomendable tener un estilo de vida de limpieza y purificación. Practiquémoslo usando ropa de fibras naturales como el lino, el algodón, la lana; llevando una dieta saludable y con desintoxicación del cuerpo interno cada tres meses; de la mente, a través de técnicas de meditación; y del espíritu, mediante nuestro servicio desinteresado.

3. La alegría

El otro principio fundamental que nos encanta es el de practicar la virtud del contentamiento *(santosha)*: tener una actitud de gozo al reconocer la fortuna de estar vivos, aceptar lo que es y amar lo que tenemos.

---

[23] *Ibid.*
[24] Lad, Vasant, *Comunicación personal*, México, apuntes de Ana Paula Domínguez, 2000.

Por último, el rendirnos a la voluntad divina. Dejar de tratar de ser alguien que no somos y soltar el control de querer que las cosas sean de una u otra forma. Confiar en la voluntad divina.

❧ *Recuperar al niño interior* ❧

Muchas de nosotras hemos experimentado que en ocasiones hay una fuerza externa que nos controla y nos hace actuar de formas muy emocionales. Mi amiga Rosalía me comentaba el otro día que se sentía desencantada porque dedicaba todo su tiempo a cuidar a su familia y a sus hijos, y que en ocasiones se sentía muy sola, incluso rechazada por sus hijos adolescentes. Una prima hace poco me comentaba que tenía sentimientos encontrados en el momento de convivir con sus hijos y le costaba trabajo poder jugar y ser espontánea con ellos.

¿Por qué en ocasiones nos sentimos víctimas, abandonadas o rechazadas? ¿Por qué en otras somos muy críticas y duras con nosotras mismas? ¿Qué nos hace reaccionar de esta forma?

De acuerdo con el psicólogo Robert Burney, "si existen sentimientos de abandono o frustración, vale la pena observar cómo fue nuestra niñez y recuperar a nuestro niño interior para poder cambiar nuestros patrones de comportamiento y limpiar nuestro proceso emocional. Al no cuidar a nuestro niño interior que quizá se siente abandonado, nos abandonamos a nosotros mismos, incluso permitimos que controle nuestras vidas". [25]

Mientras escribíamos este libro estuvo en México el yogui y curandero Guru Dev Singh Khalsa, quien impartió un programa sobre el "equilibrio emocional" y conversando con él al respecto, afirmó: "Negar a nuestro niño interno que nos

---

[25] Burney, Robert, *The dance of wounded souls*, Cambria, Joy to You & Me Enterprises, 1995.

solicita atención puede ser nuestro peor enemigo. El niño interno es el elemento de nuestra personalidad que se sintió rechazado y constantemente nos pide atención, ser satisfecho. Es un problema de satisfacción, un proceso infantil de ser reconocido, de ser acariciado. El niño interior constantemente nos solicita acciones para ser reforzado. Debemos reconocer a nuestro niño interior y reconocer el hecho de que puede guiarnos hacia un lado y no necesariamente es el correcto", comentó Singh Khalsa. "No podemos adjudicarle a nuestros seres cercanos la responsabilidad de satisfacer a esta parte de nuestro ser que quizá no maduró y nos solicita constantemente la compensación de la sensación de abandono o de rechazo y de reforzar la necesidad de gratificación",[26] concluyó.

A través de la meditación en el niño interior, como una forma de autoobservación, podemos nutrirlo en un entorno seguro y permitir que se manifieste y se terminen los sentimientos y emociones de abandono, rechazo y soledad.

Aquí te compartimos algunas formas de nutrir y recuperar a tu niño interior.

1. De vez en cuando cómete un helado.
2. Dibuja con un lápiz o acuarelas.
3. Cuando sientas ansiedad o rechazo, siente tus pies y respira desde el ombligo. Reconoce el gozo de establecerte en tu ser y en tu centro.
4. Cuando puedas, salta la cuerda o súbete al columpio.
5. Invita a tus amistades de la infancia y disfruten recordando.
6. Haz algo que no te has atrevido a hacer por miedo y expande tus límites.
7. Siempre y cuando no ofendas al otro, di lo que sientes abiertamente.

---

[26] Entrevista realizada por Ana Paula Domínguez. Marzo de 2007.

8. Canta abierta y francamente sin importar si eres entonada o no.
9. Separa al menos treinta minutos al día para el ocio y hacer algo que realmente deseas.
10. Al menos una vez al mes calienta agua y agrega un puñito de pétalos de rosas. Mete tus pies, disfruta y relájate.

Nuestro niño interior, una vez que se siente acogido, puede ser una fuente inmensa de alegría por la vida. Puede ser un canal más para estrechar la relación con nuestros hijos y tender puentes de amor, comunicación y cercanía.

❧ *FEAR: False Expectations Appearing Real* ❧

Una de nuestras amigas, mamá de una universitaria de 23 años, al saber el tema de este libro nos preguntó: "¿tendrá un capítulo acerca de las hijas que se van a la escuela en moto?". Sabemos que era una broma pero fue una forma precisa y llena de sentido del humor para describir lo que todas sentimos. Miedo por nuestros hijos. A veces paralizador, a veces abrumador. Miedo de que nazca bien. Miedo de que se enferme o se caiga de la resbaladilla cuando es pequeño; miedo de que no sepa controlarse en la adolescencia o pruebe las drogas; miedo de que lo molesten en la escuela, de que repruebe, de que le rompan el corazón, de que elija una pareja destructiva, de que fracase en su profesión o de que, como nuestra amiga, se vaya a la universidad en moto.

El miedo es una emoción, mezcla de incertidumbre e ignorancia. Casi siempre sentimos miedo a partir de las ideas que creamos en nuestra mente acerca del futuro, el cual ignoramos. Observemos con calma uno de nuestros mayores miedos: la muerte inoportuna de nuestro hijo. ¿Qué elementos aquí y ahora tenemos a la mano para pensar que nuestro hijo está próximo a morir? Al tener este pensamiento, ¿imaginamos nuestra vida después? ¿Imaginamos cómo nos trata la gente que nos rodea?

Esperamos de todo corazón que tras este terrible ejercicio nos hayamos dado cuenta de que, para la gran mayoría de las madres, este miedo no está basado en evidencias reales sino en algún pensamiento acerca del futuro que no tiene nada que ver con lo que ocurre ahora mismo. Es decir, el miedo como un estado de angustia es casi siempre una reacción emocional a una historia que existe solo en nuestros pensamientos. Es como ver una semilla y pensar en la historia de ese árbol hasta que un rayo lo quema y muere. Lo único que está aquí es la semilla y en nuestra mente ya hicimos toda una telenovela. Tras tanto imaginar, casi siempre quedamos tristes y desanimadas.

A eso se refiere *False Expectations Appearing Real*, FEAR un acrónimo en inglés con la palabra que significa "miedo" en ese idioma. En español quiere decir "falsas expectativas que parecen reales". Ante los hechos, nuestro amor inmenso y deseo de proteger a nuestros hijos de todo mal y todo sufrimiento pueden llevarnos a tejer escenarios mentales de pavor.

Nuestro cerebro crea estas ideas a partir de experiencias desagradables del pasado y situaciones que asume sucederán en el futuro. Estas referencias de nuestra mente son subjetivas y se relacionan con la interpretación racional y emocional que hicimos de un hecho, no con el hecho en sí. Es decir, recordamos de forma selectiva y no siempre somos objetivas al respecto. Así pues, si nos sentimos pesimistas por algo que pasó y creemos que se va a repetir, sentimos miedo. Es la combinación del pensamiento y la emoción lo que crea foco en nuestra vida; es decir, lo que determina en qué nos fijamos. Si nos enfocamos en tragedias y malos resultados, ahí estará nuestra atención y, tarde o temprano, ahí estará nuestra realidad. Al final de este capítulo tenemos espacio para realizar un ejercicio que nos enseñará a reescribir nuestros pensamientos acerca de lo que nos angustia.

La vida de todos los seres humanos está compuesta por un sinnúmero de experiencias, algunas buenas y otras malas. La riqueza de nuestro paso por esta Tierra radica en que podemos vivirlas y sobreponernos; aprender de ellas y superarlas. Las mayores cualidades de las personas surgen a partir de la adversidad. Como las mejores uvas, que crecen de las vides sembradas en terrenos áridos, muchas veces los seres humanos más sensibles y compasivos son aquellos que han debido que superar pérdidas o enfermedades y tras ellas han encontrado amor y conexión con todos los demás seres.

No tratemos de evitar que nuestros hijos pasen por las experiencias que la vida les depara. Algunas serán consecuencias de sus acciones y tienen que vivirlas, como explicamos con más profundidad en el siguiente capítulo. Desde el pequeño que es castigado en el kínder por haber mordido a otro niño, hasta el adulto que es despedido de su trabajo. Las aparentes malas situaciones son en realidad oportunidades de oro que nos permiten aumentar nuestra conciencia en compasión y humildad. Resolverles los problemas y cubrir las situaciones duras lo único que hace es dejarlos sin preparación para vivir una vida llena de experiencias y conectados con los demás.

Como mamás, las autoras hemos descubierto en centenares de ocasiones que reaccionamos así sin darnos cuenta. Nos mueve el amor enorme por nuestros niños y por eso no queremos que sufran. Sin embargo, nuestro papel no es resolver su vida ni sus problemas: es observarlos desde el amor y la compasión infinitos y tener confianza en que van a salir airosos.

Aunque es bueno enseñar prudencia ante los peligros reales de nuestro estilo de vida, es mejor enseñarlos a vivir con confianza en que lo que nos sucede tiene un sentido trascendente dentro de lo que el Creador, el Universo o el mundo, tiene reservado para nosotros.

🪷 *Meditación para crear un reflejo que resuelve* 🪷
el conflicto interno

Siéntate bien derecha con las piernas cruzadas y la barbilla levemente adentro. Abre tus ojos a una décima parte de su capacidad y coloca las manos sobre el pecho, con las palmas en el torso a nivel del busto, mientras los dedos se apuntan entre ellos a través del pecho.

La clave para esta meditación es la atención en la respiración.

Inhala profundamente hasta tu máxima capacidad en un lapso de cinco segundos.

Exhala profundamente hasta vaciar tus pulmones en un lapso de cinco segundos.

Sostén la respiración fuera durante quince segundos, suspende el movimiento del pecho mientras metes el punto del ombligo y el abdomen.

Continúa por once minutos. Si decides practicarla diario durante un tiempo, puedes incrementar gradualmente el tiempo hasta llegar a 31 o incluso 62 minutos.

Para finalizar:

Inhala profundo y estira tus brazos por encima de tu cabeza. Relaja la respiración y sacude los brazos y manos de quince a treinta segundos; luego relaja.

Esta meditación es muy interesante: trabaja sobre la mente negativa, encargada de discriminar lo que somos y no somos en la vida. Por desgracia, si nos domina es imposible no compararnos en todo momento con los demás y sentir el juicio muy profundo de lo que no podemos hacer. Sin embargo, en esta práctica meditativa, al aguantar más tiempo sin aire en los pulmones que lo que aguantamos con aire adentro, el mensaje que le llega a nuestro cerebro es de pánico, por lo cual empieza a apagar todos los sistemas que no son estrictamente necesarios y con ello podemos eliminar esas miles de cosas que continuamos cargando dentro de nosotras, a pesar de que tal vez son de sucesos muy lejanos en el pasado, incluso malestares causados por nuestros pensamientos a pesar de que nunca hayan ocurrido.

⊱ Descúbrete ⊰

Aquí te ofrecemos el espacio para que aterrices lo que te llamó la atención o tuvo sentido para ti en este capítulo. Al principio puedes hacer las listas y responder a las preguntas que te hacemos. Al final hay espacio para que escribas lo que vino a tu mente, los "veintes" que te cayeron y hasta las cosas con las que no estás de acuerdo.

❀ *FEAR* ❀

Reconoce algunos de tus miedos y reescribe tus pensamientos y emociones. Así estarás en control de tu futuro.

1. Identifica los pensamientos que te dan miedo. ¿Qué piensas y por qué?

_____

_____

_____

_____

_____

_____

_____

_____

_____

2. ¿Encuentras un patrón, alguna idea común, una creencia sobre ti misma en estos pensamientos?

_____

_____

_____

_____

_____

_____

_____

_____

3. Escribe aquí todas las evidencias actuales que desacrediten ese pensamiento. Mientras más encuentres, menos poderoso será ese miedo.

_____

_____

_____

_____

_____

_____

_____

_____

_____

_____

_____

_____

4. Ahora, haz una lista de pensamientos positivos, en forma de afirmación, que contrarresten ese miedo. Por ejemplo, en lugar de "Puedo quedar en ridículo ante los demás", haz las siguientes afirmaciones: "Soy una persona querida, como me lo demuestra la gente que me rodea todos los días". "Me gusta dar ideas y tomar riesgos, eso me hace creativa".

_____

_____

_____

_____

_____

_____

_____

_____

_____

_____

_____

_____

_____

✿ *Adiós, culpa* ✿

1. Si sientes culpa por trabajar, escribe aquí lo bueno que tienes en tu vida gracias a tu carrera: solvencia económica, reto intelectual, contacto con personas que enriquecen tu vida, por ejemplo.

_____

_____

_____

_____

_____

_____

_____

_____

_____

2. Escribe aquí una lista de los rituales y rutinas que tienes con tus hijos que los hacen sentir amados y seguros en la familia.

Capítulo 7

Límites y la práctica de familia

Si hay junta en la escuela y el niño se portó mal, nos dicen "le faltan límites"; si es muy tímido, nos dicen "tiene demasiados límites"; si es muy intrépido, "ponle límites". En contraposición, frase tras frase de motivación y superación invitan a sobrepasar los límites, a ignorarlos o vencerlos. Nuestra sociedad no está cómoda con los límites. Parece que no entendemos con claridad qué son y para qué sirven. A pesar de que se utiliza la misma palabra, el significado de cada uno de los ejemplos anteriores es diferente. Los límites que constantemente nos invitan a superar son creencias y suposiciones, juicios mentales y sociales sobre lo correcto o posible. Los límites hacia nuestros hijos son, en esencia, las flechas que les indican el camino a seguir.

Imaginemos que nuestros hijos son pilotos de un auto de carreras. Mientras un piloto compite en la pista, tiene los ojos puestos en el camino y está concentrado en ir lo más rápido y mejor posible. En su *pit* o estación hay un director de carrera que le da instrucciones por medio de un radio: "frena en este lugar; curva a la derecha a cien metros; detente a cargar gasolina; rebasa por la izquierda". Sin estas indicaciones, el mejor piloto estaría perdido y tendría un grave accidente. Si nuestra hija es la mejor bailarina del mundo pero no cuenta con un coreógrafo que le enseñe a unir un paso con otro, a seguir el ritmo de una composición, a caer cuando salta o a coordinarse con otras bailarinas, ella nunca podrá sublimar su talento. Los límites que imponemos los padres son marcadores de ruta, como los coreógrafos de su baile de vida. Gracias a ellos, nuestros hijos pueden hacerse un mapa con el cual podrán vivir.

La sociedad occidental moderna es un ente muy complejo, a la vez permisivo y restrictivo. Es un medio muy difícil de comprender y navegar si no se cuenta con una clave que nos permita separar lo adecuado de lo inadecuado, lo ético de lo no ético, lo sano de lo que enferma. Para lograrlo, las mamás podemos establecer los límites que nos parezcan necesarios. No hacen falta muchos.

"Un límite es generador de autoestima, autodisciplina, autocontrol y rigor interno", afirma Norma Alonso,[27] experta en desarrollo humano. En un primer nivel son normas de orden y convivencia en nuestra casa que, a la larga y gracias a que se repiten todos los días, se convierten en una acción que se realiza naturalmente; es decir, en un hábito.

Por eso, los límites para los niños más pequeños son los buenos hábitos: tener un horario para dormir, recoger sus juguetes, comer con buenos modales, lavarse correctamente. El hábito es el autocuidado y, a la larga, el beneficio será salud, orden y estructura.

Después, enseñamos los límites relacionados con la cortesía. Saludar, dar las gracias, pedir las cosas con amabilidad, no señalar ni interrumpir se convierten en el hábito de la amabilidad hacia todas las personas con quienes convivimos. El beneficio es que nuestros niños se forman como personas adaptadas a la sociedad que entienden la existencia de leyes, normas y reglas de convivencia que propician el bien común.

---

[27] Alonso, Norma, *Educación emocional para la familia*, México, Producciones Educación Aplicada, 2006.

Seguimos con los límites que tienen una calidad ética. La ética es la capacidad que las personas tenemos para distinguir entre lo que está bien y lo que está mal, con base en los valores que apreciamos: no tomar lo que no nos pertenece, no robar, no mentir, no copiar en la escuela, no pedir a otro que haga el trabajo que nos corresponde, sobre todo los que ayudan a desarrollar la responsabilidad, la empatía y la compasión. Crear el hábito de mantener estas cualidades formará a nuestros hijos para ser hombres y mujeres responsables de sí mismos que viven de acuerdo con los valores que nuestra familia practique, que sean útiles, honestos y seguros de saber actuar en cualquier situación. En una conferencia hace años, Rocío Arocha, experta en logoterapia, nos dijo: "si un niño pequeño sabe que en la sala de su casa no se puede jugar porque los adornos de los adultos no se deben maltratar, de adolescente le será natural entender que hay lugares y situaciones en las que no le conviene involucrarse, que no se tocan".

Los límites, en lugar de considerarlos restricciones, son todas las normas que formarán a nuestros hijos. Un niño que crece con los límites adecuados puede adaptarse a vivir feliz dentro de una sociedad, tiene buenos hábitos y, lo más importante, la autodisciplina necesaria para alcanzar sus sueños. Para los niños, los límites fomentan la salud, el bienestar y la convivencia. En los adolescentes, los alejan de conductas autodestructivas y se vuelven una especie de mapa de ruta para sortear situaciones de riesgo y resistir la influencia de sus pares. En los adultos, son un marco de referencia y estructura que les permite desenvolverse con autonomía. ¿Verdad que son un pilar esencial en nuestro camino como mamás zen?

🌸 *Límites a lo que opinan los demás* 🌸

Cuando permitimos que otras personas tengan influencia sobre nuestros pensamientos y nuestras acciones, puede ser que experimentemos una sensación de angustia. Como madres estamos expuestas a escuchar un sinfín de opiniones sobre cómo deberíamos criar o no a nuestros pequeños. Debemos cortarnos el cordón umbilical y confiar en nuestra capacidad de ser madres.

Es válido escuchar las opiniones externas pero hay que consultar con nuestro ser interior antes de dar por verdaderos los juicios de los otros, sobre todo cuando se trata de nuestra vida personal o la de nuestros hijos. Muchas veces nuestra mente se intoxica porque damos poder a los demás para que decidan por nosotras.

Como indica la conferencista, autora y educadora Rosa Barocio: "Contactar solo el intelecto y hacer caso omiso de nuestro corazón y sentido común nos lleva a perder la confianza como padres y nos hace elucubrar en vez de dar solución a la más sencilla de las situaciones. Distorsionamos y perdemos la perspectiva de las cosas en este afán de querer ser padres perfectos".[28]

Necesitamos poner límites respecto de lo que opinan los demás, de la misma forma como debemos establecer límites a nuestros hijos, como explica Lee Lozowick: "Los niños necesitan aprender las definiciones, los límites y las extensiones de su mundo y del mundo. Un niño criado sin límites crecerá confundido, inseguro de sí mismo y de su comportamiento, y a menudo actuará negativamente en un intento desesperado por conseguir que le sean impuestos dichos límites".[29]

🍃 *Mamá y papá son los adultos* 🍃

Amamos a nuestros hijos. Queremos tener buena comunicación con ellos, sentirlos cercanos y que cuenten con nosotras para cualquier problema. Con esa mentalidad podemos pensar que todo lo que nuestros padres hicieron que nos causó

---

[28] Barocio, Rosa, *Disciplina con amor*, México, Editorial Pax, 2004.
[29] Lozowick, Lee, *Paternidad consciente*, Estados Unidos, Hara Press, 2001.

sentirnos intimidados o distantes de ellos no va a funcionarnos. No queremos poner en riesgo la intimidad con nuestros hijos ni "traumarlos".

Es un muy buen propósito que puede encaminarnos por un sendero que, sin querer, daña a nuestros hijos. Las generaciones anteriores sabían corregir con una sola mirada. Cuando niñas, muchas de nosotras nos poníamos a temblar nada más al imaginar qué pensaría mamá sobre algo que hicimos. Los adultos no tenían problema en ser figuras de autoridad para los hijos. Los niños sabían su rol en la familia. No todo lo que heredamos en el tema de límites fue bueno: el exceso de regulación causó para muchas un ambiente asfixiante y creó dentro de ellas un juez interior muy duro de superar. Algunos papás pensaban que poner un límite o educar significaba reprobar y criticar constantemente a los hijos. Sin embargo, el péndulo osciló de un medio exageradamente limitante a uno que carece por completo de límites. Por eso, nos parece pertinente aclarar la diferencia entre autoridad y autoritarismo.

Las que hemos trabajado entendemos lo importante de que un jefe asuma su rol de mando pero no siempre se vuelve el líder del equipo.

En el ámbito profesional, los *coaches* hacen una distinción entre el jefe y el líder. El jefe tiene, con base en el organigrama, otras personas a su cargo. Juntos forman un equipo en el que idealmente, tienen claras sus funciones y metas y están comprometidos a alcanzar un objetivo común. El jefe tiene la función de repartir las tareas, medir los resultados, "poner a todos a trabajar" y supervisar.

El líder en un grupo, una organización o lugar de trabajo es la persona que, independientemente de su posición en el organigrama, inspira a los demás a alcanzar una meta, siente pasión por lo que hace, fomenta el trabajo en equipo y que reconoce los logros de los demás. Cuando habla de lo que hace, usa el término "nosotros"; en lugar de buscar culpables, propone soluciones. Es una persona que tiene valores y actitudes que otros admiran y quieren imitar. Es quien promueve el cambio, busca modelos de trabajo que mejoran constantemente y tiene los ojos puestos en una meta importante.

Un líder no es autoritario, pero tiene toda la autoridad moral para guiar a los demás. Un jefe, si no sabe convertirse en líder, muchas veces utiliza el autoritarismo para lograr que los demás cumplan con lo que él necesita. El problema es que no está convencido de su capacidad para mandar; por eso, el resto del equipo no cree en él ni reconoce su autoridad. Y si un jefe tiene miedo de dirigir, rectificar o retroalimentar porque teme caerle mal al equipo y que lo resienta, el trabajo sale mal, todos fracasan, hay caos y falta de objetivos. Al final, el jefe se gana eso mismo que trataba de evitar: el resentimiento y el desdén de todos los miembros del equipo.

Ahora, pensemos en nuestra familia como un equipo en el cual nosotras podemos elegir entre ser jefas, líderes o permitir un vacío de autoridad. Cada uno tendrá un resultado que impactará en la formación de nuestros hijos y en la dinámica de nuestra familia.

Explica Rosa Barocio: "los padres delegan su responsabilidad en los hijos para evitar conflicto o por miedo a parecer autoritarios. Quieren complacer a los hijos y tenerlos contentos y, más que nada, temen perder su cariño. Ser padres implica ser responsables y también correr el riesgo de equivocarnos".[30]

❀ *Autoritarios, permisivos o asertivos* ❀

¿Cómo ha de ejercer la autoridad la mamá zen? Desde el corazón y la conexión con su hijo. O como solía decirse, "ni

---

[30] Barocio, *ob. cit.*

muy muy ni tan tan", sino todo lo contrario. Profundicemos un poco más en cuatro tipos de crianza que dependen de la forma de ejercer límites según la propuesta que hizo Diane Baumrind en los años sesenta.

Los padres autoritarios:
* Imponen.
* Castigan.
* Reprimen.
* No negocian.
* Son distantes.
* Son inflexibles.
* Son estrictos.
* Controlan a partir de la culpa o retirando el cariño.

Los hijos de padres autoritarios crecen sintiendo que sus padres son distantes, en términos emocionales. Los perciben como jueces duros, por lo que procuran ocultar cualquier mal comportamiento. Muchos estudios psicológicos citados por la doctora Gwen Dewar[31] reportan que los niños que fueron criados por figuras autoritarias se portan relativamente bien, pero son inseguros, tienen poca confianza en sí mismos, menos habilidades sociales y un rendimiento académico menor que los niños criados por padres asertivos. Muchos estudios realizados en Estados Unidos dicen que estos niños, cuando son adolescentes, se sienten menos aceptados por sus pares. Por el proceso de formación de su individualidad, un adolescente valora más la opinión de sus amigos que la de sus padres. Si por el autoritarismo familiar se sienten diferentes a los otros jóvenes, pueden sentir inseguridad y buscar pertenencia a través de conductas de riesgo.

---

[31] Dewar, Gwen, *Authoritarian parenting: How does it affect the kids?*, en *www.parentingscience.com*.

Los padres permisivos:
* No ponen límites.
* No creen en las reglas.
* Permiten que su hijo haga todo lo que quiera.
* Son muy cariñosos.
* Son muy juguetones.
* No exigen a los niños.
* No le dan responsabilidades a los niños.
* No se presentan ante sus hijos como figuras de autoridad ni como modelos a seguir.

Los hijos de padres permisivos se saben queridos y cuidados, lo que es bueno. También son personas creativas para resolver sus problemas. Sin embargo, la falta de orden y de encauzamiento, por no tener límites ni autoridad, puede ocasionar un bajo rendimiento escolar, falta de autocontrol o poca motivación para alcanzar sus sueños. Los adolescentes pueden tener mayor tendencia a probar alcohol y a ser agresivos.[32] Algunos estudios sugieren que estos niños podrían desarrollar baja autoestima, a pesar del cariño y el involucramiento de sus papás.

Padres no involucrados o ausentes:
* No están presentes la mayor parte del tiempo.
* No ponen límites.
* Son distantes emocionalmente.
* Son distantes físicamente.
* No participan en la crianza.

Dentro de los estudios citados por Dewar, los hijos de padres no involucrados tenían el peor resultado de todos. Eran, nos parece evidente, niños con una carencia emocional enorme; por tanto, son inseguros, rebeldes, inestables y temerosos.

---

[32] Dewar, Gwen, *Permissive parenting: A parenting science guide to the research*, en *www.parentingscience.com*.

Los padres asertivos:

* ❋ Son cariñosos.
* ❋ Se hacen presentes emocionalmente.
* ❋ Son cercanos y cálidos.
* ❋ Fomentan la individualidad.
* ❋ Fomentan la asertividad.
* ❋ Están sintonizados con las necesidades de sus hijos.
* ❋ Esperan que su hijo se involucre con la familia.
* ❋ Esperan que su hijo respete las reglas.
* ❋ Permiten el diálogo.
* ❋ Son flexibles.
* ❋ Tienen estándares altos.

¿El estilo ideal? Los estudios dicen que los hijos de padres asertivos son seguros de sí mismos, desarrollan un pensamiento moral autónomo, confían en sus habilidades para alcanzar sus metas, son independientes y adaptados socialmente. Los padres asertivos están en el justo medio entre los autoritarios y los permisivos. Se concentran en crear expectativas altas pero realistas para sus hijos, son cariñosos y están pendientes de las necesidades de sus pequeños,[33] pero además establecen límites claros, concisos, constantes y los explican a sus hijos, lo cual desarrolla la autonomía moral en ellos.

De eso se trata ser adultas y asumirnos como líderes de la casa. No como el jefe de familia que retratan los modelos tradicionales. No el que tiene la última palabra, al que nadie le discute o que todos temen en público y resienten en privado. Lo que las mamás zen queremos promover es un liderazgo basado en la claridad que tenemos por conocernos bien, por estar presentes en el aquí y el ahora, por conocer a nuestros hijos y corregirlos desde la empatía y la compasión (compartir una pasión: en última instancia, la de vivir la mejor vida

---

[33] Dewar, Gwen, *The authoritative parenting style: Warmth, rationality, and high standards. A guide for the science-minded parent*, en *www.parentingscience.com*.

posible). En nuestra familia hay valores que son esenciales para todos los miembros, nuestros hijos saben que tienen a mamá y papá que son responsables, que están de acuerdo sobre los límites y pueden tomar decisiones en su beneficio. Eso, a cualquier edad, es fuente de seguridad y los niños confían en su familia y en su capacidad para ayudarlos a integrarse a un mundo cada vez más complicado. "El verdadero amor de los hijos por los padres surge del respeto que sienten por ellos, respeto que los padres necesitan ganarse a través de su firmeza y de sostenerse en lo que creen correcto".[34]

🪷 *¿Cómo son los límites?* 🪷

Norma Alonso recomienda que los límites tengan cinco características: "claros, concretos, concisos, cumplidos y consistentes".[35] Es más fácil de lo que parece y a continuación hacemos algunas recomendaciones que nos funcionan a nosotras:

1. Establecemos buenos hábitos de higiene desde infantes. Creamos rutinas que incluyan varios hábitos en secuencia: cena, baño, lavado de dientes, agradecimiento por el día, respiración para relajarnos y cama, todo en el mismo orden y a la misma hora, todos los días.

2. Establecemos buenos hábitos de orden desde preescolar. Que guarde sus juguetes, lleve el plato a la cocina después de comer, ponga la ropa sucia en su lugar y prepare sus útiles para la escuela.

3. Establecemos buenos hábitos de convivencia desde infantes. Son las normas de cortesía y respeto. No tomar lo que no es mío, no interrumpir, no pegar, no gritar. A pesar del berrinche, nos mantenemos firmes en estas normas y la corrección es una contención –abrazo, palabras suaves–; nunca es agresiva ni degradante.

---

[34] Barocio, *ob. cit.*
[35] Alonso, *ob. cit.*.

4. Los límites éticos y morales están de acuerdo con lo que es esencial para nosotros. Son reflejo de nuestra escala de valores y nuestra postura ante el mundo, la naturaleza y la sociedad. Son pocos pero contundentes.

5. Vivamos lo que predicamos. Establecemos hábitos de civismo, moral, respeto, buenos modales, amabilidad y cordialidad a través de nuestro ejemplo y acciones. Son las prácticas de las que hablaremos más adelante.

6. No nos desesperamos si un día fallamos. A todas las mamás nos pasa. La palabra clave es la consistencia. Para lograrla, retomamos el límite lo más pronto posible. Un límite solo se vuelve hábito si se repite constantemente. Es como un entrenamiento: solo si somos constantes lograremos nuestra meta.

7. Antes de establecer límites, decidimos las consecuencias. Si es con nuestra pareja o con quien nos ayuda a cuidar a nuestros hijos, estamos de acuerdo en que si un límite no se cumple, hay una consecuencia siempre, esté o no mamá presente. En el siguiente apartado desarrollaremos con más claridad el tema de las consecuencias.

8. Planteamos los límites en un lenguaje positivo y proactivo. Esto quiere decir que los establecemos desde la convicción de que estamos desarrollando las cualidades y el carácter de nuestro hijo, no reprimiéndolo, devaluándolo o reprobándolo.

9. Empezamos con poco. Si no tenemos práctica en este tema, un buen ejercicio es elegir un límite importante. Cuando son pequeños, uno de los más necesarios es establecer un horario de ir a la cama. Nos sirve poner un calendario en el baño, donde el pequeño ponga una calcomanía cada día que se acuesta a la hora indicada. A las mamás nos sirve pensar que es solo eso en lo que vamos a concentrarnos por las siguientes tres semanas. Un límite claro, consistente y bien establecido origina una reacción

en cadena donde otros límites empiezan a suceder de forma natural.

🪷 *Al momento de poner límites te contamos una historia* 🪷

Kahita Shilo, una amiga nuestra e instructora de yoga que estuvo muy cercana al maestro Yogi Bhajan, en una ocasión le contó una historia sobre los límites. "Si un niño está jugando con una pelota adentro de su casa y rompe el vidrio, en ocasiones creemos que lo mejor es reaccionar, castigar y decir lo mal que lo hizo. Al hacer esto lo haces sentir diferente. En cambio, si rompe el vidrio y le dices, "¡qué fuerte eres, rompiste el vidrio!" y luego le preguntas: '¿Cómo vamos a resolver esto porque el vidrio cuesta dinero?', lo haces sentir completo y partícipe de la situación. No hay una cuestión de superioridad y sí un estímulo para que ponga a trabajar su cerebro y encuentre una solución. En lugar de reaccionar, hay que enseñarles a coexistir más allá de límites negativos y autoritarios".

🪷 *Afirmaciones para fortalecer la voluntad* 🪷 *y ganar seguridad*

Rosa Barocio recomienda estas afirmaciones que las mamás zen podemos repetir como un mantra:[36]

* Elijo recuperar mi sentido de autoridad a través de tomar decisiones conscientes.
* Hago a un lado mi miedo para guiar a mi hijo con confianza y decisión.
* Nuestra tarea como padres no es complacer ni dar gusto: es educar.

---

[36] Barocio, *ob. cit.*

❋ Me relajo y confío en mi sabiduría interna para guiar a mis hijos.

❋ Confío en mis habilidades para guiar de manera respetuosa a mi hijo.

❋ Confío en el proceso de la vida.

❋ Yo pongo límites de manera respetuosa a mi hijo cuando lo considero necesario.

❋ Tomo con valor la responsabilidad de poner límites a mi hijo.

❧ *Corregir y consecuencias* ❧

Ya estamos convencidas de que los límites son piezas clave en el camino de la mamá zen. ¿Cómo corregimos desde el zen cuando un hijo rompe los límites o nos desafía?

Vidal Schmill es asesor, conferencista y autor especializado en disciplina y comunicación familiar y, en el ámbito empresarial, en capacitación y desarrollo de personal. Es muy conocido por su Liceo de la Familia y por las interesantes y muy útiles pláticas que imparte. Te recomendamos su libro *Disciplina inteligente* cuyo principal planteamiento es que premiar y castigar a los hijos por sus acciones los confunde. Lo mismo afirma el neurólogo Jaime Romano: "La forma de reforzar los límites es a través de las consecuencias naturales de la falla y no a través de castigos que no son acordes. Más bien el niño tiene que entender la consecuencia: si no hiciste la tarea en la escuela, tendrás que hacerla en la casa y es una consecuencia lógica. Pero no entiende cuando se ponen castigos como 'te voy a quitar el *Nintendo* porque vas mal en la escuela'".

Otro elemento que tenemos que recordar al momento de establecer o regresar a un límite es la reparación del daño. Es un principio de empatía más que de economía. Enseñamos a nuestros pequeños que lo que ellos hacen o dejan de hacer repercute en ellos mismos (si no me lavo los dientes, tendré caries y problemas de salud); en los demás (si le grito a un amiguito, lo hago sentir asustado, enojado o triste por el maltrato); en nuestra sociedad y nuestro planeta.

La empatía es la capacidad de ponernos en lugar de otro, pensar y sentir lo que piensa y siente a partir de lo que vive. "Camina un rato en mis zapatos" es uno de los ejemplos. Y en los límites morales, la empatía es la cualidad que nos permite entender el daño y también cómo repararlo. Enseñamos así a nuestros hijos a hacerse responsables por el efecto que sus acciones causaron en otros. También podemos enseñarlos a disculparse oportunamente.

Cuando los hijos crecen, las consecuencias pueden provenir de la sociedad misma. Si un adolescente maneja a gran velocidad y merece una multa, deberá trabajar para pagarla. En casa deberemos haber establecido, desde que empezó a manejar, las consecuencias de una multa. No servirá para forjar su carácter o formar a un ser humano que mamá o papá quieran resolver el problema con métodos ilegales, como ofrecer sobornos o minimizar el hecho. Así, mantenemos el principio de congruencia con los valores esenciales que como familia hemos establecido.

Para desarrollar un estilo más asertivo, podemos cambiar las frases que usamos para corregir. En lugar de decir "mira cómo se hace", preguntemos: "¿qué pasaría si lo hacemos de esta forma?". En lugar de imponer un límite, expliquemos a nuestro hijo los sentimientos y las razones por las cuales pensamos que es importante. Si no es un límite de seguridad, podemos permitirle hacer un mínimo ajuste de acuerdo con su edad; tal vez cambiar el orden de una secuencia o ajustar un poco un horario. Decidir juntos la hora de dormir puede ser un buen ejercicio. Analicemos cuántas horas duermen cuando no tienen que levantarse para ir a una hora específica para ir al colegio. Recordemos cómo se sintieron los días que durmieron esas horas y cómo se sintieron los que no durmieron lo suficiente. Calculemos a qué hora tenían que estar dormidos para despertar descansados a la hora de ir al colegio. El límite quedará tal como la mamá consideraba adecuado, los niños participarán en el proceso y cumplirán más contentos con el horario.

🪷 *Proyecto de familia, práctica de valores* 🪷

Como el término "límites" ha sido vapuleado, también el de los valores ha sufrido por su relación con una religión o con una sociedad rígida. Los valores a los que queremos hacer referencia en esta forma de maternidad desde el zen son aquellos con los que nos identificamos como mamás, los que hacen que nuestra alma resuene y se alegre. Son las cualidades que consideramos esenciales para una vida congruente y es importante tenerlos claros para establecer límites que estén cimentados en ellos; más aún, para crear una práctica familiar basada en estos valores. La práctica a la que nos referimos, como la de yoga o meditación, es la repetición de acciones que nos acercan al ideal de nosotras y de familia que decretamos ser.

Existen ciertos valores universalmente aceptados, son un eje de principios morales que han existido a través de toda la historia y que son reconocidos por prácticamente todas las religiones, ideologías y corrientes filosóficas. El respeto y la vida son los principales; la representación más común se conoce como La Regla de Oro: "No hagas a otros lo que no quieres que te hagan a ti". En muchas prácticas orientales la compasión es el valor más importante que origina prácticas como la no-violencia y la amabilidad con todos los seres.

Una vez que tenemos claros los valores que resuenan con nuestra alma, podremos crear prácticas para que sean parte de nuestra vida y de nuestro estilo de formar a los hijos.

La bloguera australiana Adriel Booker lo describe de forma clara. Ella nos dice que junto con su pareja definió qué era lo más importante que deseaba inculcar a sus tres hijos y sus intenciones. La tanatóloga Verónica Alcocer explica: "para lograr cualquier cosa, primero tenemos una idea. Esa idea se traduce en un propósito; un propósito claro se convierte en una intención para nuestra vida. Las intenciones claras se aterrizan en prácticas cotidianas".[37]

Parafraseamos las siguientes prácticas que propone Adriel Booker.[38] Tomemos las que sean congruentes con nosotras y nuestros ideales y agreguemos otras. Veremos que así es mucho más claro qué tipo de valores vamos a compartir con nuestros hijos.

La práctica de preferir aprender, más que las calificaciones. Reconocemos que las calificaciones no reflejan la inteligencia y que cada persona es inteligente de una forma única. Nos preocupamos más por el proceso de aprendizaje de los niños que por las boletas de calificaciones. Promovemos el aprendizaje al leer con ellos y al procurarles situaciones didácticas en la vida real.

La práctica de hablar con la verdad. Las palabras tienen el poder de crear o destruir. Cuidamos no poner etiquetas ni hablar con ellos de forma que dañe su mente o su espíritu. También lo hacemos si hablamos acerca de ellos, nos escuchen o no.

La práctica de la creatividad, la imaginación y el juego. Todos los seres humanos aprendemos mejor a través de la diversión. Promovemos su creatividad y su imaginación a través del juego. Queremos que disfruten su infancia y no crezcan antes de tiempo. Como mamás zen mantenemos nuestro sentido del humor, armamos rompecabezas, corremos por el jardín. Valoramos el ocio y la fantasía.

La práctica del ritmo. Los niños necesitan límites y estructura para sobresalir, pero las estructuras rígidas pueden

[37] Entrevista con Lourdes Botello, en julio de 2013.
[38] http://adrielbooker.com/my-values-and-practices-of-parenting-and-mother-hood/.

ser muy agobiantes. Preferimos que los días tengan un ritmo natural, una rutina más que un horario.

La práctica de la disciplina como una enseñanza, no como un castigo. La palabra "disciplina" se origina en el sentido de enseñar, instruir o provocar un aprendizaje. Es más acerca de enseñar que de castigar. Antes de corregir, nos preguntamos: "¿Esta acción ayudará a mi hijo aprender a tomar mejores decisiones a la larga?".

La práctica de la confianza. Confiar en nuestra pareja y en su sabiduría, en sus intenciones como padre. Confiar en nuestros hijos y confiar en nosotras, en nuestra intuición. No siempre es fácil. La mamá zen confía y, a través de la confianza, se libera para criar a sus hijos alineada con su espíritu. También confía en un poder mayor, en la gracia y la energía sabia de la Madre.

La práctica de la unión familiar. Pasamos tiempo juntos, disfrutamos nuestra compañía, jugamos juntos, leemos juntos y esperamos que nuestros hijos comprendan que mamá, papá y ellos estamos en el mismo equipo.

La práctica de la independencia. Es muy importante que cada miembro de la familia tenga su tiempo para hacer lo que más disfruta. Así reponemos nuestras reservas emocionales y tenemos energía para ser nuestra mejor versión. Queremos fomentar la independencia de cada uno, dentro de la unidad.

La práctica de la inclusión. Queremos que nuestros hijos participen en las decisiones familiares. Creemos que sus puntos de vista son válidos y que sus preguntas pueden ayudarnos a ver otras posibilidades.

La práctica de la hospitalidad. Es un privilegio ser generosos con otras personas; es formador para los niños ver que invitamos a nuestra casa y atendemos a quienes queremos. Queremos que sepan que la generosidad implica tanto tiempo y cariño como recursos materiales.

La práctica de escuchar. Esperamos que nuestros hijos nos escuchen cuando hablamos, de la misma forma como ellos esperan ser escuchados. Escuchar es un acto de amor al otro, es parte de una dinámica de apertura y confianza. Al escuchar no asumimos nada ni juzgamos las acciones de nuestros hijos.

La práctica de humildad. La mamá zen sabe que a veces va a equivocarse. Enseñamos a nuestros hijos que decir "me equivoqué" o "lo siento" es una muestra de valor, de respeto y amabilidad hacia otra persona. Si nos equivocamos, lo reconocemos y nos disculpamos. Los niños necesitan saber que está bien tener errores y aprender a resolverlos con humildad cuando los cometan.

La práctica del afecto. La mamá zen practica decirle a sus hijos "Te amo", "Eres maravilloso" y "Me caes muy bien" a lo largo del día, todos los días. No solo en la mañana o cuando se van al colegio. También abrazamos, sonreímos y apapachamos. Deseamos que nuestros hijos se sientan increíblemente amados y aceptados.

🌿 *Meditación para equilibrar el trato con los niños* 🌿

Siéntate bien derecha con las piernas cruzadas y la barbilla levemente adentro; las manos descansan sobre las rodillas. Las puntas de los dedos pulgar e índice de cada mano se tocan, mientras los demás dedos descansan sobre el interior de las palmas. Cierra los ojos y lleva la vista al tope de la cabeza, solo moviendo los ojos. Imagina que tienes un pequeño agujero dentro del cráneo por el cual puedes ver el techo.

Inhala mientras te concentras en el tope de tu cabeza y mentalmente proyecta el *mantra* saa taa; exhala proyectando del tope de tu cabeza naa maa y continúa hasta 31 minutos.

sa quiere decir comienzo.
ta quiere decir vida.
na quiere decir muerte.
ma quiere decir resurrección.

Así que al proyectar este *mantra* entras en contacto con todo el ciclo de la vida, desde la perspectiva oriental.

Por último, con el mentón bien sólido en su postura levemente adentro, canta el siguiente *mantra*: sat nam sat nam sat nam sat nam sat nam sat nam wahe guru con rapidez, en un ritmo monótono por cinco a siete minutos.

Sat nam se refiere a lo infinito e imposible de abarcar con palabras, lo más divino expresado en el ahora; wahe guru quiere decir "grande es el camino que nos lleva de la obscuridad a la luz".

Esta meditación te permite entrar en contacto con la parte más sensible de tu cerebro y te ayuda a que puedas comprender el pensamiento de tu hijo.

Descúbrete

Aquí te ofrecemos el espacio para que aterrices lo que te llamó la atención o tuvo sentido para ti en este capítulo. Al principio puedes hacer las listas y responder a las preguntas que te hacemos. Al final hay espacio para que escribas lo que vino a tu mente, los "veintes" que te cayeron y hasta las cosas con las que no estás de acuerdo.

🪷 *Define tus prioridades* 🪷

De acuerdo con la edad de tus hijos y sus necesidades del momento, date unos minutos para reflexionar en qué aspecto de la rutina diaria –límites de hábitos, respeto y convivencia– puedes mejorar o reforzar. Establece diez prioridades.

Pueden ser, por ejemplo, la hora de acostarse o de llegar si ya salen solos, la higiene personal, la participación en las tareas de la casa, el orden de sus cosas o la forma como trata a otro hermano.

_____

_____

_____

_____

_____

_____

_____

Ahora, platica con tus hijos. Elige las primeras tres de tu lista. Si son preescolares, escoge una. Explícales por qué te parece importante reforzarla. Cuéntales qué sucede si no se respeta, cómo te hace sentir, cómo los afecta a ellos en su salud, en su trato o en el cuidado de sus cosas. Puedes escribir aquí los argumentos que te parece importante compartir con ellos. Recuerda que no estás preguntándoles si quieren cumplir el límite, sino que los incluyes en el proceso de establecerlo. Escriban juntos aquí la norma que acordaron y la consecuencia. Tiene que ser lógica y natural al hecho, además de ser establecida desde antes.

Por último, haz un calendario. Comprométanse con esta regla por una semana, luego dos y tres. Pega una calcomanía cada día que se cumpla. Será una motivación para todos ver cómo logran juntos mejorar una práctica familiar.

_____

_____

_____

_____

_____

_____

_____

_____

_____

_____

_____

_____

_____

_____

_____

_____

_____

Capítulo 8

Lo que te deseamos

El Manifiesto de la Felicidad

Así se llama un documento del Centro para el Bienestar, parte de la organización civil inglesa NEF (New Economic Foundation) que se creó con base en sus investigaciones. Si solo vas a aplicar una cosa de las muchas que hemos recomendado en este libro, deseamos que sea esta. Resume, en nuestra opinión, lo que nos caracteriza como mamás zen. ¿Recuerdas lo que deseaste para tu hijo cuando lo tuviste entre tus brazos la primera vez? Le deseaste felicidad. Recordémoslo al criar a nuestros hijos y también al pensar cómo desarrollarnos como mujeres. Es una lista de acciones positivas que resultaron de un estudio realizado en 2008 por la Oficina de Ciencia del gobierno de Inglaterra. Todas las propuestas están basadas en evidencia científica. Se desarrollaron gracias a la participación de 300 expertos y contiene más de cien reportes y revisiones. Suenan simples, y lo son. Lo importante es la constancia:

1. **Conecta con quienes te rodean:** familia, amigos, colegas y vecinos. Es la piedra angular de nuestra vida y la de nuestro hijo. Dediquémosle tiempo y desarrollemos nuestras relaciones. "Las relaciones son el factor más importante en la supervivencia del *homo sapiens*", dijo la psicóloga Ellen Berscheid.[39] Los hijos y nosotras nos alimentamos tanto de las relaciones íntimas y profundas como de las más cotidianas o superficiales. Ambos tipos son importantes.

2. **Actívate.** El ejercicio, el aire libre y la actividad física provocan bienestar. La actividad física vuelve a tu hijo más inteligente, aumenta su capacidad para sentirse feliz y le permite conocer gente, aumentar su salud y retarse mental y físicamente. Además, funciona como una "vacuna" contra la depresión.

3. **Pon atención.** La curiosidad, observar y notar lo poco común, lo bello y lo que va cambiando aumenta la felicidad. Haz una pausa en las actividades diarias y crea el espacio donde tu hijo pueda enseñarte las maravillas que descubre al ver caminar una fila de hormigas, en los tonos de las hojas de los árboles, mientras caminan por la calle o leen juntos. La meditación, el *mindfulness* y el estar presente en el aquí y el ahora son temas importantes en todas las investigaciones acerca de la satisfacción. Todo lo anterior demuestra tener resultados positivos a largo plazo. Prestar atención a nuestras sensaciones, pensamientos y sentimientos mejora nuestra vida. Crea el espacio en tu vida cotidiana para que tu hijo pueda reconocerse en diferentes situaciones, sin correr de una a otra sin tiempo siquiera para saber si lo disfrutó.

4. **Aprende.** El proceso de aprender es fundamental en el desarrollo de las habilidades cognitivas y sociales de tu hijo. Si lo motivas para que disfrute aprender, a tener curiosidad y

---

[39] Marcks, Nic, *The Happiness Manifiesto*, Estados Unidos, TEDBooks, Kindle Single, 2011.

a conocer cosas nuevas, le ofreces una llave de autoestima y sentido de vida. Al aprender, automáticamente tu hijo establece metas y lucha por alcanzarlas, lo cual está comprobado que aumenta la sensación de bienestar de las personas.

5. **Comparte.** Las neurociencias han demostrado que el área del cerebro que percibe gratificación se activa cuando compartimos o cooperamos con otros. Hay estudios que dicen que el voluntariado tiene que ver con un sentido de vida mejorado.

Como concluye el estudio de esta fundación, estas actitudes son un recordatorio de lo que es importante en la vida si queremos ser felices. No importan las circunstancias particulares: son cinco acciones que podemos incluir en nuestra vida hoy mismo como mujeres y como mamás y que, si las inculcamos en los niños a lo largo de su infancia, serán semillas de felicidad duradera por toda su vida.

Como vemos, no son un invento novedoso. En realidad son actitudes tan inherentes al ser humano que forman parte de muchas filosofías y culturas. Las circunstancias de nuestra vida pueden cambiar de muchas formas, pero estas actitudes nunca dejan de ser emocionalmente positivas.

Entendamos a la felicidad

Las emociones, para los psicólogos evolutivos, evolucionaron como parte del proceso para responder a los estímulos y provocar acciones adecuadas. El miedo, por ejemplo, fue útil para escapar de los depredadores y forma parte de un sistema que facilita la sobrevivencia. Cualquier ser humano de cualquier cultura y contexto reconoce cinco emociones básicas: miedo, enojo, tristeza, disgusto y felicidad. Para muchos, los sentimientos positivos son señales de que estamos alcanzando un objetivo determinado.

Barbara Fredrickson, una psicóloga empírica, ha realizado muchos estudios al respecto. Sus conclusiones, dentro del estudio *The role of positive emotions in positive psychology,* son que las personas felices son también más flexibles y más creativas. Su capacidad de atención es mejor y pueden construir mejores relaciones. A través de una sensación de felicidad (de no sentirnos amenazados) podemos ampliar nuestras ideas y acciones, nuestras habilidades sociales y nuestros recursos mentales como la resiliencia, la inteligencia emocional y la autoestima.

Muchas emociones positivas, como inspiración, interés, compromiso y curiosidad, nos permiten realizar tareas complicadas y, por tanto, aprender habilidades nuevas, dice el psicólogo sueco Joar Vitterso.[40] Es lo que nos permite fluir: sumergirnos en una actividad para la cual estamos perfectamente capacitados, que no nos parece imposible y tampoco tan fácil que aburre; un momento en el que el tiempo no se siente y nuestro ser entero está activo, es felicidad en acción.

Sonja Lyubomirsky, Laura King y Ed Diener son unos investigadores de psicología positiva[41] que realizaron un metaanálisis de 225 estudios y encontraron que el éxito de una persona en varias áreas como familia, trabajo, finanzas, salud y contribución a la sociedad tenía una relación directa con lo feliz que era. No que el éxito la hacía feliz, ojo, sino que la felicidad la hacía exitosa. Es un círculo virtuoso.

Algunas cosas que heredas a tu hijo al enseñarle a ser feliz, porque tú eres feliz, son:

* En salud, menos derrames cerebrales, recuperación más rápida de cirugías y tratamientos, menos tendencia a hábitos poco saludables como fumar, beber en exceso o consumir drogas.
* En salud mental, menos depresión y menos angustia ante desempleo y otras adversidades.

---

[40] Marcks, *ob. cit.*
[41] Marcks, *ob. cit.*

* En las relaciones, la gente feliz tiende a estar casada por más tiempo o a encontrar pareja si se divorcia. Desarrolla amistades duraderas.
* Trabajo: las personas felices tienden a encontrar trabajo más rápido. Su nivel de felicidad puede predecir su desempeño profesional hasta ocho años más adelante.
* Esperanza de vida: una persona feliz vive hasta diez años más que una que no lo es.
* La gente feliz busca beneficiar a su sociedad. Así que al fomentar la felicidad de tu hijo, fomentas una mejor sociedad para el futuro.

Finalmente, lo que deseamos que las mamás zen logremos a través de compartir en este libro nuestras experiencias y los aprendizajes que nos trajo esta investigación se concreta en lo siguiente: les deseamos felicidad.

¿Has escuchado que la felicidad está en el camino? Pues es cierto.

Una vida feliz no es ideal si es muy corta; una vida larga no es ideal si es miserable. La felicidad es parte de nuestra naturaleza y de la evolución.

Crear nuestro espacio

Ya hemos hablado en otros capítulos de la importancia de darnos un espacio para nosotras mismas. Este espacio que no es ni de los hijos ni de nuestra pareja ni de nadie más. Es el espacio de silencio donde podremos reciclar y transformar lo que ya no sirve y el momento de recuperar nuestra energía.

Con el tiempo los hijos se irán. Nuestra función no es la de entretener o "sacrificar" nuestra vida por ellos, sino formarlos y en la medida que ellos nos necesiten cada vez menos, habremos tenido éxito. No podemos formar a nuestros hijos para que sean algo que nosotras mismas no somos. De este modo podremos ofrecer lo mejor de nosotras al universo, hijos incluidos.

Tenemos que ser capaces de saber cómo desintoxicarnos y renovarnos a nivel físico, mental y emocional; de aprender a cultivar el silencio, a escucharnos, a darnos un espacio para digerir y saber cómo consentirnos a nosotras mismas. Estas son técnicas para volver a llenar nuestras reservas emocionales. Cuando nuestra energía emocional es saludable podemos tolerar mejor la frustración, nos enojamos menos y tenemos más presencia en el aquí y el ahora.

Crear un hogar

Dejemos salir la energía creativa desde nuestro centro para transformar la maternidad de los cuidados básicos a la creación de una vida llena de significado. Es el trabajo más importante del mundo y la mejor forma de lograrlo es por medio de la introspección, para nutrirnos de nuestro centro femenino, poderoso, profundo y salvaje. Solo así tu hijo o hija sabrá hacerlo. Solo al verte a ti, él o ella podrán llegar a su propio centro y nutrirse de él. "El mejor regalo que puedes dar a tu hijo es que asumas por completo tu verdadera naturaleza", dicen Christiane Northrup en la introducción de *Mothering from our Center*.[42]

Adiós Fantasy Land

Es la mente la que crea las avenidas, los baches, las subidas, las bajadas, los sueños, y es el corazón el que se sube al tren hacia Fantasy Land que nos hace ilusionarnos, volar, soñar, amar.

Imagina el parque de diversiones. La rueda de la fortuna. Si dejamos que la mente y el corazón vivan en el juego de la rueda de la fortuna, entonces estamos permanentemente sujetos al sube y baja emocional; de la ilusión a la desilusión; del desamor al amor; del éxtasis a la tristeza y al éxtasis de regreso.

Cambiar los viejos programas, bajarse del vuelo mental y salir de Fantasy Land, aprender a subirnos al centro de la rueda de la

---

[42] Kent, Tammi Lynn Kent, *Mothering from our center*, ubicación 150, Estados Unidos, Atria Books, 2013.

fortuna y vivir con estabilidad y ecuanimidad, viendo cómo todo sube y baja; reprogramar el sistema. Es una práctica que, como dirían en Alcohólicos Anónimos, hay que vivir momento a momento, practicarla y programarla "solo por hoy".
Me cansé de hacer.
Hoy dejo que todo pase, como las olas que van y vienen.
Como la brisa de mar que me acaricia toda.
Me rindo a la tierra que me sostiene.
Pongo mi frente en la arena.
Cierro los ojos:
Que la voluntad divina sea mi deseo.
Calma.
Estabilidad.
Silencio.
Porque es en este silencio que me reconozco completa, hermosa, llena de amor, plena, en paz.
Sonrío.
Me rindo a la tierra y reconozco que todo es siempre perfecto.
La vida fue, es y será aquí y ahora.[43]

Crea una mente limpia

A nivel mental nos intoxicamos cuando no elaboramos nuestros pensamientos y nuestras emociones. Ser conscientes de nuestras emociones y reconocerlas puede ser un proceso complicado y doloroso que muchas veces preferimos evadir con cualquier otra actividad. Sin embargo, las emociones y los pensamientos no digeridos pueden producir desequilibrios emocionales o físicos y por ese motivo es importante aprender a vaciar la mente.

Si, por ejemplo, tuvimos un día de trabajo complicado, alguien nos hizo un comentario desagradable y quizá nos enojamos, pero preferimos no volver a pensar en eso, es posible que esa emoción se haya quedado guardada en alguna parte de nuestra conciencia. No obstante, tenemos la alternativa de,

---

[43] Domínguez, Ana Paula, *Comunicación personal*, México, apuntes. 2006.

al finalizar el día, observar y sentir las emociones y pensamientos que se acumularon y dejarlos ir. Esto nos traerá una sensación de bienestar y tranquilidad física y mental.

Nos intoxicamos a nivel mental y emocional cuando no soltamos las emociones del pasado, no advertimos lo que sentimos y lo evadimos; cuando nos relacionamos con personas que en lugar de aportar algo a nuestro desarrollo, nos hacen sentir mal o nos quitan energía; cuando permitimos que nuestros pensamientos regulen nuestra vida y perdemos contacto con nuestras sensaciones corporales; cuando acumulamos enojo y rencores o cultivamos sentimientos de envidia, ira o venganza.

🌿 *Aprender a vivir el momento presente* 🌿

En muchas ocasiones pasamos nuestro momento presente viviendo en el pasado, ya sea por las cosas que hicimos o las que dejamos de hacer; por las cosas que nos pasaron o las que no nos pasaron. En otras ocasiones vivimos imaginando cómo será nuestro futuro y damos toda la importancia al presente en relación con una meta más adelante.

En ocasiones pretendemos estar con nuestros hijos pero en realidad estamos atentas al teléfono celular o a la computadora.

Necesitamos hacer una cosa a la vez.

Si vamos a trabajar, es posible explicarles a los nuestros que es momento de trabajar. Que a determinada hora apagaremos el teléfono o la computadora para estar en presencia total con ellos. Hoy en día dejamos a los niños abandonados en el *iPad* o en la televisión y nosotras mismas también nos abandonamos haciendo un sinfín de actividades al mismo tiempo.

Desintoxicar nuestra mente es tener la claridad de enfocarnos en una actividad a la vez. Si estamos en el trabajo, estemos conectadas en él para disfrutarlo lo más que nos sea posible; si estamos con los hijos, estemos con ellos, aunque no necesariamente sea jugando. Podemos sentarnos a su lado y observar cómo juegan, qué hacen, qué fantasías tienen, en qué sueñan. Si estamos haciendo el amor, estamos ahí fundidas con el ser amado por completo.

🌿 *Decir no a lo que nos intoxica* 🌿

Desintoxicar la mente es también ser capaces de decir que no a las personas que no nos elevan como seres humanos. Muchas veces por costumbre o por "compromiso" aceptamos reunirnos con personas que ya nada tienen que ver con nosotros y que son profundamente nocivas a nivel del alma. Hay que alejarnos de ellas. Qué nos importa el qué dirán. Existe la posibilidad real de vivir y crear la vida que queremos. De conectar con lo más profundo de nuestra alma y proyectar eso que realmente deseamos. De terminar las relaciones nocivas de pareja, de no cargar con las penas de los demás, de ser impecables y guerreras defensoras de nuestra verdad; de dejar los condicionamientos sociales y ser nosotras mismas.

🌿 *Limpiar la mente y cultivar la disciplina* 🌿

Desintoxicar la mente es aprender a limpiarla. Así como a los automóviles les damos alineación y balanceo cada diez mil kilómetros, así como todas las mañanas bebemos agua para limpiar el cuerpo y que todo fluya por dentro, la mente requiere su propio proceso de limpieza. Hemos de ser capaces de digerir, asimilar y eliminar las experiencias dolorosas de vida; los errores que cometimos; lo que nos dijeron nuestros padres porque era lo único que podían hacer en su momento y lo que sabían; de perdonar a los que nos hirieron y perdonarnos por las veces que nosotros lastimamos a los demás; de saber que todas esas huellas mentales pueden ser borradas poco a poco. Así podemos despertar hacia experiencias de vida gozosas, siendo compasivas con nosotras mismas y con los demás. Practiquemos esta meditación:

Cierro los ojos. Enderezo la columna. Observo mi cuerpo. Noto cómo respiro. Me regocijo en el silencio. Percibo las sensaciones físicas y corporales. Me doy cuenta cómo llegan los pensamientos como olas que suben y que bajan; reconozco el proceso de la mente y reconozco que no soy esos pensamientos; me convierto en un testigo, un observador. No hago nada. Contacto con el aire que entra y que sale por mis fosas nasales. Percibo si el aire es frío o es caliente cuando entra por mis fosas nasales y cómo es cuando sale.

Cultiva una disciplina que te permita crear este espacio para ti. Si es posible, crea un altar en donde tengas una vela, un incienso, unas flores, alguna imagen divina que te inspire. Siéntate ahí todos los días. Esa será tu *sadhana*[44] y el espacio sagrado más importante que puedes crear para ti misma. Cúbrete con un chal de lana, de seda o de cualquier fibra natural. Permite que este chal se convierta en tu abrigo, tu acompañante diario. Llénalo de tu *shakti*.[45]

Cultivar el silencio, cultivar nuestra disciplina es lo que verdaderamente nos ayudará a ir a través de los retos y desafíos de la vida. En ocasiones nos exigimos de más hasta para estar en el zen y nos forzamos a realizar una meditación a fondo durante uno o dos meses y luego la abandonamos. Es mejor cultivar una disciplina corta, pero constante: realizar cinco posturas de yoga de salutaciones al sol con calma y tranquilidad; sentarnos a meditar o a practicar cualquier disciplina, pero diariamente; darnos diez o quince minutos para nosotras mismas con total constancia.

El poder de la intención y de la oración

A veces nada más funciona y lo único que nos queda es rezar, religar con lo que consideramos sagrado y rendirnos ante lo que es. Es por eso que nuestra intención es sumamente poderosa y

---

[44] *Sadhana.* Término en sánscrito que significa disciplina.
[45] *Shakti.* Término en sánscrito que significa energía.

liberadora, porque cuando tenemos una intención clara y ponemos todo nuestro esfuerzo para llevar a cabo estas acciones, luego podemos rendirnos ante el fruto de las mismas. Entonces confiamos y aceptamos que no tenemos todo el control. Fluimos.

El ritual de desintoxicación

En el libro de Ana Paula, *El mapa de la felicidad,* se le llama "el ritual jugoso para estar bien". Compartimos de nuevo esta rica experiencia de desintoxicación física y mental. Al menos una vez cada tres meses podemos practicar este ritual para recordarnos lo importante que es bajar de la rueda vertiginosa que puede ser nuestra rutina cotidiana. Sigamos estos pasos:

1. Cancelo todos mis compromisos con antelación. Le aviso a la gente más cercana que estaré en retiro y que no estaré disponible. Apago todos los teléfonos.
2. Un día antes del ritual compro los siguientes ingredientes: una veladora de color blanco; un ramillete de manzanilla; aceite natural de ajonjolí o pepita de uva; arroz blanco; verduras como zanahoria, calabaza, brócoli y papa; frutas deliciosas como mango, mamey, papaya o las de mi preferencia; jengibre fresco; miel de abeja; limón; flores; incienso.
3. Al otro día me levanto y sobre una mesa preparo un altar. Prendo la vela y el incienso y acomodo las flores que compré el día anterior. Medito un momento en silencio y tengo la intención de regalarme ese día solo para mí.
4. La dieta de este día es de desintoxicación. Por la mañana como solo frutas y tomo té de jengibre con un poco de miel y limón. Si mi cuerpo lo pide duermo el tiempo que sea necesario. Pongo música relajante y aprovecho para escribir o leer ese libro que he tenido olvidado por meses.
5. Preparo personalmente mi comida: simple arroz con verduras cocidas al vapor. Evito poner aceite; en todo caso

utilizo un poco de mantequilla clarificada. Condimento mi comida con un poco de sal o salsa de soya. Recuerdo que la idea de este día también es desintoxicar mi organismo. Como con atención, en silencio. Agradezco los alimentos.

6. Si quiero hacer una intención la apunto sobre una hoja. Doblo el papel y lo pongo debajo de la veladora blanca. Vuelvo a meditar en silencio enfrente de mi altar.

7. Al atardecer pongo al menos tres litros de agua a hervir y, una vez que hierva, agrego el ramillete de manzanilla. Dejo que hierva por cinco minutos y lo dejo reposar. Mientras el agua reposa, caliento a baño maría el aceite y luego lo unto sobre mi cuerpo en forma de pequeños círculos. No me olvido de las orejas y agrego un poco en la coronilla.

8. Por último, ya sea en una tina o en una cubeta grande, cuelo el té de manzanilla y pongo el agua fría que sea necesaria para que el agua esté a una temperatura agradable. Con un tazón vierto el agua por todo mí cuerpo y después, tratando de mantener el cuerpo cubierto, agradezco el día y me voy a dormir. Amaneceré renovada.

Deseamos que las mamás zen puedan darse un día para realizar este ritual al mes, para renovarse y renovar los lazos con nuestros hijos y con todos los seres que nos rodean.

🌿 *De una mamá zen a otra: nuestro manifiesto* 🌿

Tienes dentro de ti toda la sabiduría para guiar a tus hijos por el camino ideal para ellos.

Contacta con tu intuición para decidir qué es lo mejor para ti.

No pierdas tu energía en la culpa.

Centra tu atención en lo que puedes aprender de cada situación, sobre todo de las desagradables.

Observa a tu hijo, descubre su esencia.

Habla desde tu corazón al corazón de tus hijos.
Date un tiempo cada día para no hacer nada.
Encuéntrate con tus hijos en el espacio de la compasión.
Tu hogar es un lugar sagrado, celébralo.
Duerme lo suficiente.
Haz una cosa a la vez.
Asume tu liderazgo dentro de la familia.
Sé constante en las normas.
Establece consecuencias lógicas.
Disfruta tu profesión o trabajo: hace la vida de tu familia
mucho más interesante.
Crea un espacio sagrado para ti en tu casa.
Comparte tu vida, tu tiempo y tus recursos con los demás.
Educa con el ejemplo.
Trata a todos con amabilidad; tus hijos siempre te observan.
Lee.
Camina descalza en el pasto.
Abraza y besa a tus hijos con frecuencia.
Honra tu cuerpo.
Corrige sin gritar ni intimidar.
Confía en la sabiduría de tus hijos.
Confía en tu sabiduría.
Apaga el celular.
No pasa nada si un día te equivocas.
Di a tus hijos que los amas todos los días.
Baila.
Desarrolla tu sentido del humor.
No acumules cosas innecesarias en tu hogar.
Calma tu mente.
Cultiva tu presencia en el aquí y el ahora.
No construyas escenarios imaginarios.
Acepta lo que es.
Establece un propósito y realiza una intención.
Ríndete a lo sagrado.

Te deseamos que tu camino como mamá zen sea rico en experiencias, en intenciones que se realizan. Te deseamos amor y reconocimiento, claridad y decisión. Te deseamos que a través de la maternidad puedas contactar con tu sabiduría más profunda, con tu espiritualidad y tu infinita fortaleza.

Te deseamos que seas inspiración para tus hijos, paz para tu familia, apoyo, seguridad, referencia. Te deseamos un espacio de calma, otro de caos, paz, incertidumbre y retos. Te deseamos hijos que te desafíen, que te obliguen a crecer y a ser más congruente cada día. Te deseamos unión y entendimiento para que sepas ser la mamá que tus hijos necesitan, para que al final de su crianza los dejes volar y tu vida no quede vacía sino llena de posibilidades. Que todo se realice en la gracia infinita, para bien de todos los seres y de nuestro mundo.

Meditación para la gracia

Siéntate bien derecha con las piernas cruzadas. Coloca la mano izquierda sobre el hombro derecho. Alza la mano derecha frente al hombro derecho, con la palma mirando hacia el frente y el codo relajado hacia abajo. Mantén los ojos cerrados. Haz una "o" con tu boca y respira poderosamente a través de ella. Inhala en tres partes y exhala en una. Continúa durante once minutos, respirando poderosamente durante los últimos dos minutos.

❀ *Para terminar* ❀

Inhala profundo, sostén, estira la espina dorsal, jala el pecho hacia afuera y estira los brazos por encima de tu cabeza, al tiempo que separas los dedos y los aprietas fuerte como el acero. Exhala.

Repite dos veces más. Relájate.

En tu práctica diaria, alterna sosteniendo el hombro derecho y luego sosteniendo el hombro izquierdo (postura al revés).

❀ *Descúbrete* ❀

Aquí te ofrecemos el espacio para que aterrices lo que te llamó la atención o tuvo sentido para ti en este capítulo. Al final hay espacio para que escribas lo que vino a tu mente, los "veintes" que te cayeron y hasta las cosas con las que no estás de acuerdo.

Ahora, con todo lo que hemos compartido en este viaje, te dejamos unas páginas para que escribas tu propio manifiesto. Usa las frases con las que tienes una conexión, que te recuerden las actitudes, hábitos, meditaciones y cualidades que este libro te inspiró a atender. Al final dedícalo a la gracia de un orden superior a ti misma, una divinidad o a la energía de la naturaleza, de acuerdo con tus creencias.

Fuentes de consulta

Capítulo uno

Berg, Yehuda, *If You Don't Like your Life, Change It! Using Kabbalah to Rewrite the Movie of Your Life*. Kabbalah Publishing. Estados Unidos, 2013.

Bhajan, Yogui, *El poder curativo de los alimentos*. Fundación Cultural Kundalini. México, D.F., 1997.

Kaur Khalsa Sat Kirpal, *Shakti*. Ed 3HO Women. Estados Unidos, 2005.

The Art of Being a Woman Kundalini Yoga as Taught by Yogi Bhajan (video), July 9, 1990. I Am A Woman DVD Series Creativity of the Creator, Volume 14.

Tiwari Maya. *A Life of Balance*. India Book Distributors. Rochester, Vermont, 1995.

Covey, Stephen R., *Los 7 hábitos de la gente altamente efectiva*. Paidós Ibérica. España, 2010.

Capítulo dos

The Renfrew Center Foundation for Eating Disorders, "Eating Disorders 101 Guide: A Summary of Issues, Statistics and Resources", 2003. The New School Psychology Bulletin ©2010 by The New School for Social Research, 2010, Vol.

7, No.1 Print ISSN: 1931-793X; Online ISSN: 1931-7948.

Ilyssa Siegel, B. A., *Does Body Weight Dissatisfaction Change with Age? A Cross-Sectional Analysis of American Women*. Argosy University.

Richard W. Robins, Kali H. Trzesniewski y Jessica L. Tracy, *Global Self-Esteem Across the Life Span*. Psychology and Aging ©2002 by the American Psychological Association, Inc. 2002, Vol. 17, No. 3, 423–434 0882-7974/02/ DOI: 10.1037//0882-7974.17.3.423.

Pinkola Estés, Clarissa, *Mujeres que corren con los lobos*. Ed. Punto de Lectura, España, 2001.

Rubin, Hollin, *Pregnancy, a message for mother to be*, en www.any-body.org, publicado en línea el 26 de enero de 2013.

Asimov, Isaac, "The abnormality of being normal", en *Only a Trillion*. Mass Market Paperbacks, ACE, 1955. Versión digital en archive.org.

Esquivel Hernández, María Teresa, "Hogares encabezados por mujeres, un debate inconcluso", en *Revista Sociológica*, año 15, núm. 42, pp. 231-256, enero-abril de 2000. En http://www.revistasociologica.com.mx/pdf/4210.pdf.

INEGI, *Censo de Población y Vivienda 2010*. Consulta Interactiva de Datos en www.censo2010.org.mx.

Encuesta Mundial de Valores, en World Values Survey, WVS Five Wave Aggregated File, 1981-2008. (WVS official 5 wave aggregate 1981-2008 v.20090914 compressed in ZIP format (SPSS=45Mb, SAS=87Mb, STATA=39Mb).

Sorensen, Marilyn J., *Breaking the Chain of Low Self Esteem*. Wolf Publishing Company, Estados Unidos, 2006.

❁❁ *Capítulo tres* ❁❁

Rubinstein, Joshua S.; Meyer, David E.; Evans, Jeffrey E., *Executive Control of Cognitive Processes in Task Switching*. Journal of Experimental Psychology: Human Perception and Performance, Vol. 27(4), Aug. 2001, pp 763-797. Doi: 10.1037/0096-1523.27.4.763.

J. Benjamin Hinnant, Mona El-Sheikh, Margaret Keiley, Joseph A. Buckhalt, *Marital Conflict, Allostatic Load, and the Development of Children's Fluid Cognitive Performance.* Child Development, 2013; Doi: 10.1111/cdev.12103.

Tao Te King, *Libro de la vía y la virtud,* atribuido a Lao Tse. Dojo Ediciones, España, 2012.

Julia Green, *Declutter with Feng Shui, an Easy Guide to Organizing Your House.* Edición digital. Amazon Digital Services Inc. Estados Unidos, 2013.

Bainbridge Cohen, Bonnie, www.bodymindcentering.com.

Romano Micha, Jaime, entrevistado el 13 de junio de 2013.

❦ Capítulo cuatro ❦

Fierro, Eliane, entrevistada por Lourdes Botello. México, 2006.

Haro Valencia, Reyes, entrevistado por Lourdes Botello. México, 2010.

Ronald E., Dahl, *The Impact of Inadequate Sleep on Children's Daytime Cognitive Function.* Western Psychiatric Institute & Clinic, University of Pittsburgh, School of Medicine, Department of Psychiatry, en Seminars in Pediatric Neurology Vol. 3, Issue 1, March 1996, pp 44–50, Sleep Disorders in Childhood.

❦ Capítulo cinco ❦

Heffner, Eliane, *Successful Mothering: The Emotional Experiences of Motherhood After Freund and Feminism.* Robson Books Ltd, Londres, 1980.

Leppaniemi, Cynthia, *Clarice Lispector,* en www.cynthialeppaniemi.com, publicado el 20 de Julio de 2011. Consultado en mayo de 2013.

Carnegie, Dale, *Cómo ganar amigos e influir en las personas.* Ed.

Eleven. Biblioteca del Nuevo Tiempo, Argentina, 1996.

Kurt Erin, *The top 10 Things Kids Really Want their Parents to do With Them*, en lifehack.com, publicado el 29 de diciembre de 2012. Consultado el 6 de Agosto de 2013.

Datos de *e-marketer*, promedios de diversas fuentes, datos de Google México. Facilitados por Karla Berman. Head of Products Solutions en Google México, 2013.

Erin Digitale, *Stanford/Packard Imaging Study Shows How Humor Activates Kids' Brain Regions*, en http://med.stanford. edu/ism/2012/january/reiss.html#sthash.thTBivwT.dpuf.

Weinsberg Noah, *Way ·21: Laughter is Serious Business*, en http://www.aish.com/sp/48w/48957381.html. Consultado el 10 de agosto de 2013.

McDonough, Patricia (2009), *TV Viewing Among Kids at an Eight- Year High*. The Nielsen Company, October 26, 2009. En http://blog. nielsen.com/nielsenwire/media_ entertainment/tv-viewing-among- kids-at-an-eight-year-high/.

Ernst, Julie (Athman) y Martha Monroe, *The Effects of Environment-based Education on Students' Critical Thinking Skills and Disposition Toward Critical Thinking*. 10.4 Environmental Education Research, Nov. 2004, p 10.

Kenneth R. Ginsburg, MD, MSEd, and the Committee on Communications and the Committee on Psychosocial Aspects of Child and Family Health, *The Importance of Play in Promoting Healthy Child Development and Maintaining Strong Parent-Child Bonds*, American Academy of Pediatrics, en www.pediatrics.org/cgi/doi/10.1542/ peds.2006-2697doi:10.1542/peds.2006-2697.

🌿 *Capítulo seis* 🌿

Keirsey, David, *Por favor compréndeme. Temperamento, carácter, inteligencia*. Tusquets Editores, España, 2002.

Test de Keirsey, en www.keirsey.com.

Barocio, Rosa, *Disciplina con amor*. Editorial Pax. México, 2004

Vázquez, Ana, entrevistada por Ana Paula Domínguez. México, 2013.

García Ascott, Soren, entrevistada por Ana Paula Domínguez. México, 2013.

Welch, Suzy, *Rule of 10-10-10*, en http://www.oprah.com/spirit/Suzy-Welchs-Rule-of-10-10-10-Decision-Making-Guide.

Shilo Kahita, entrevistada por Ana Paula Domínguez en México, 2012.

Burney, Robert, *The Dance of Wounded Souls*. Joy to you and me enterprises, 1995.

Singh Khalsa, Khalsa Gurucharan, *Respira vida*. Ed. Alamah. México, D.F., 2000.

Capítulo siete

Alonso, Norma, *Educación emocional para la familia*. Producciones Educación Aplicada. México, 2006.

Arocha, Rocío, *Curso de logoterapia*, México, D.F., 2007.

Lee Lozowick, *Paternidad consciente*. Hara Press. Estados Unidos, 2001.

Dewar, Gwen, Ph.D., *Authoritarian Parenting: How Does it Affect the Kids?*, en www.parentingscience.com.

Gwen Dewar, Ph.D., *Permissive Parenting: A parenting Science Guide to the Research*, en www.parentingscience.com.

Gwen Dewar, PhD., *The Authoritative Parenting Style: Warmth, Rationality, and high Standards. A guide for the science-minded parent*, en www.parentingscience.com.

Brooker, Adriel, *My Values and Practices of Parenting*, en: http://adrielbooker.com/my-values-and-practices-of-parenting-and-motherhood/.

Alcocer, Verónica, entrevistada por Lourdes Botello. México, 2013.

Marcks, Nic, *The Happyness Manifiesto*. TEDBooks, Kindle Single, Estados Unidos, 2011.

Bárbara Fredrickson, *The role of positive emotions in positive psychology*. Am Psychol. 2001 Marzo; 56 (3):218-226.

Joar Vitterso en Marcks, Nic, *The Happyness Manifesto*. TEDBooks, Kindle Single, Estados Unidos, 2011.

Christiane Northrup en Tammi Lynn Kent, *Mothering From our Center*. Atria Books. Estados Unidos, 2013.

Domínguez, Ana Paula, *Comunicación personal*. México, apuntes 2006.

Domínguez, Ana Paula. *El mapa de la felicidad*. Editorial Planeta. México, 2010.

❁ *Otros libros consultados* ❁

Ramacharaka Yogui, *Ciencia hindu yogui de la respiración*. Gómez Gómez Hermanos Editores, 1975.

Prabhavananda Swami e Isherwood Christopher, *How to Know God*. Vedanta Press. Estados Unidos, 1981.

Pitchford, Paul. *Healing with whole foods*. Ed. North Atlantic Books. Estados Unidos, 2002.

Singh Nirvair, *The art, science and application of Kundalini Yoga*. Kendall/Hunt Publishing Company. Estados Unidos, 2004.

Farhi Donna, *Bringing Yoga to Life*. Ed. Harper. San Francisco, 2004.

Gannon Sharon. *Yoga and Vegetarianism*. Ed. Mandala. Estados Unidos, 2008.

Khalsa Gurucharan Singh Khalsa, Ph. D., *Guideliness to a Succesful Sadhana. Kundalini Research Institute*. L.A. Ca., 1996.

Khalsa Shakta Kaur, *Yoga for Women*. D.K. Publishing Inc. New York, N.Y., 2002.

Silva, Mira & Shyam Mehta, *Yoga. The Iyengar Way*. Dorling

Kindersley book. London, 1990.

Feuerstein Georg, *The Yoga Tradition*. Hohm Press. Prescott, Arizona, 2001.

Khalsa Gurucharan Singh Khalsa, Ph. D., *Happiness is your Birthright. Kundalini Research Institute*. L.A., Ca, 1994.

Fuentes sobre meditación

Gurmukh Kaur Khalsa, *Exploring the Natural Power of Pregnancy and Birth with Kundalini Yoga and Meditation*. St. Martins Griffin, 2003.

Yogi Bhajan compiled by Atma Singh Khalsa & Guruprem Kaur Khalsa, *A Year with the Master Experience, Heal and Empower Your Inner Self with the Yogi Bhajan's Teachings for the New Millennium*. Yoga Gems, 2001.

Yogi Bhajan compiled by Gururattan Kaur Khalsa, *Sexuality and Spirituality: With the Kundalini Yoga Sets and Meditations of Yogi Bhajan*. Gururattan Kaur Khalsa & Ann Marie Maxwell Editions, 1989.

Yogi Bhajan compiled by S.S. Vikram Kaur Khalsa and Dharm Darshan Kaur Khalsa, *Survival Kit*. Bountifully Illustrated, 1981.

Yogi Bhajan, *The Aquarian Teacher - KRI International Kundalini Yoga Teacher Training Level I Yoga Manual*. KRI, 2003.

Yogi Bhajan, *The Aquarian Teacher - KRI International Kundalini Yoga Teacher Training Level I Yoga Manual - Part Nine, Sets and Meditations*. KRI, 2003.

Videos

Creativity through Communication. Kundalini Yoga as taught by Yogi Bhajan, July 7, 1997. I Am a Woman DVD Series, Volume 11.

A Woman's Impact. Kundalini yoga as taught by Yogi Bhajan,

July 1, 1997. I Am a Woman DVD Series Volume 12. *Every Woman is a Goddess: Wisdom for Women.* Kundalini Yoga as taught by Yogi Bhajan, September 25, 2010.

Meditaciones asociadas a cada manual

Meditación capítulo 1. *Meditación para la gracia.* Biblio 2.
Meditación capítulo 3. *Meditación para confiar y soltarse.* Biblio 1.
Meditación capítulo 4. *Meditación para el equilibrio emocional.* Biblio 6.
Meditación capítulo 5. *Meditación para el poder de la madre.* Biblio 3.
Meditación capítulo 6. *Meditación para crear un reflejo que resuelve el conflicto interno.* Biblio 6.

Bibliografía sugerida

Dalton-Smith, Saundra, *Set Free to Live Free, Breaking Through the 7 Lies Women Tell Themselves.* Baker Publishing Group. E.U., 2011.

Delgado Orea, Jaime, *Las frases que harán grandes a tus hijos. Gramática del inconsciente.* Ed. El Origen. México, 2011.

Escalante, Francisco, *Cómo prevenir conductas destructivas. La guía para padres y maestros de niños y adolescentes.* Producciones Educación Aplicada. Serie Educadores Contemporáneos. México, 2006.

Jungham, Frida, *El corazón tiene razones que la razón desconoce. Lo más útil de la inteligencia emocional.* Editorial y Distribuidora Leo, S.A. de C.V. México, 1999.

Schmill H. Vidal, *Disciplina inteligente. Manual de estrategias actuales para una educación en el hogar basada en valores.* Producciones Educación Aplicada. Serie Educadores Contemporáneos. México, 2004

Índice

Introducción.. 17

Capítulo 1
Conócete a ti misma.. 21

Capítulo 2
Mantén tu autoestima a lo largo de las etapas de tu vida... 43

Capítulo 3
Bájale al ritmo... 71

Capítulo 4
Herramientas para el equilibrio emocional.................... 93

Capítulo 5
La maternidad como servicio espiritual....................... 121

Capítulo 6
Conoce a tu hijo.. 143

Capítulo 7
Límites y la práctica de familia.........................165

Capítulo 8
Lo que te deseamos............................187

Fuentes de consulta...........................203